FREUD E A FANTASIA

PARA LER FREUD
Organização de Nina Saroldi

FREUD

2ª edição

FREUD E A FANTASIA
Os filtros do desejo

Por Carlos Alberto de Mattos Ferreira

CIVILIZAÇÃO BRASILEIRA

Rio de Janeiro
2023

Copyright © Carlos Alberto de Mattos Ferreira, 2018

Capa e projeto gráfico de miolo
Gabinete de Artes/Axel Sande

CIP-BRASIL. CATALOGAÇÃO NA PUBLICAÇÃO
SINDICATO NACIONAL DOS EDITORES DE LIVROS, RJ

F44f
2ª ed.
Ferreira, Carlos Alberto de Mattos
    Freud e a fantasia: os filtros do desejo/
Carlos Alberto de Mattos Ferreira; organização
Nina Saroldi. – 2ª ed. – Rio de Janeiro:
Civilização Brasileira, 2023.
196 p.; 18 cm. (Para Ler Freud)

ISBN 978-85-200-1185-0

1. Psicanálise. I. Saroldi, Nina. II. Título.
III. Série.

17-45133   CDD: 150.1952
                            CDU: 159.964.2

Todos os direitos reservados. Proibida a reprodução, armazenamento ou transmissão de partes deste livro, através de quaisquer meios, sem prévia autorização por escrito.

Texto revisado segundo o novo Acordo Ortográfico da Língua Portuguesa.

Direitos desta edição adquiridos pela
EDITORA CIVILIZAÇÃO BRASILEIRA
Um selo da
EDITORA JOSÉ OLYMPIO LTDA.
Rua Argentina, 171, 3º andar – 20921-380 – Rio de Janeiro, RJ
– Tel.: (21) 2585-2000.

Seja um leitor preferencial Record.
Cadastre-se em www.record.com.br e receba informações sobre nossos lançamentos e nossas promoções.

Atendimento e venda direta ao leitor:
sac@record.com.br

Impresso no Brasil
2023

Sumário

Apresentação da coleção	9
Prefácio	13
Introdução: Fantasia e/ou imaginação?	21

1. A gênese da fantasia nas lembranças, nos sintomas e traumas — 27

- Novos achados sobre a hipnose: lembranças e trauma — 32
- Sexualidade, tensão e afeto — 37
- Defesas, lembranças e recalque — 39
- As primeiras cenas da fantasia — 44
- Fantasia, trauma e erogeneidade — 51

2. Os sonhos, traços mnêmicos e a alucinação. A fantasia inconsciente — 54

- Sonho e desejo — 57
- Fantasia, pensamentos oníricos e sonho — 69

3. A fantasia nas lembranças, na repetição e na criação — 70

Dora, fantasias e transferência — 76

Fantasia, criação e delírio — 82

A fantasia, o artista e a introversão — 92

Fantasia como atividade psíquica: criação e arte — 93

4. Fantasia e sexualidade — 96

Fantasias, pulsão e sexualidade infantil — 96

Fantasia como investigação sexual infantil — 112

Fantasia, puberdade e adolescência — 114

5. Fantasias e sintomas — 123

Fantasia, amor e sexo — 130

Uma nova concepção do psiquismo: o fantasiar diante do princípio de realidade — 134

Hans e as fantasias infantis — 140

O Homem dos Ratos — 149

Fantasia como atividade psíquica: sintoma — 153

6. Fantasia na brincadeira, no devaneio e na compulsão à repetição   157

Fantasia, criação e devaneios   158

O papel do brincar   160

Fantasia como consolo   169

A fantasia, o brincar e o para além do princípio do prazer   171

Referências bibliográficas   184

Cronologia de Sigmund Freud   189

Outros títulos da coleção Para Ler Freud   194

APRESENTAÇÃO DA COLEÇÃO

Em 1939, morria em Londres Sigmund Freud. Hoje, passadas tantas décadas, cabe perguntar por que ler Freud e, mais ainda, qual a importância de lançar uma coleção cujo objetivo é despertar a curiosidade a respeito de sua obra.

Será que vale a pena ler Freud porque ele criou um campo novo do saber, um ramo da psicologia situado entre a filosofia e a medicina, batizado de psicanálise?

Será que o lemos porque ele criou, ou reinventou, conceitos como os de inconsciente e recalque, que ultrapassaram as fronteiras do campo psicanalítico e invadiram nosso imaginário, ao que tudo indica, definitivamente?

Será que devemos ler o mestre de Viena porque, apesar de todos os recursos farmacológicos e de toda a ampla oferta de terapias no mercado atual, ainda há muitos que acreditam na existência da alma (ou de algo semelhante), e procuram o divã para tratar de suas dores?

Será que vale ler Freud porque, como dizem os que compartilham sua língua-mãe, ele é um dos grandes estilistas da língua alemã, razão pela qual recebeu, inclusive, o prêmio Goethe?

Será que seus casos clínicos ainda são lidos por curiosidade "histórico-mundana", para conhecer as "bizarrices" da burguesia austríaca do final do século XIX e do início do XX?

Será que, em tempos narcisistas, competitivos e exibicionistas como os nossos, é reconfortante ler um investigador que não tem medo de confessar seus fracassos, e que elabora suas teorias de modo sempre aberto à crítica?

Será que Freud é lido porque é raro encontrar quem escreva como se conversasse com o leitor, fazendo dele, na verdade, um interlocutor?

É verdade que, tanto tempo depois da morte de Freud, muita coisa mudou. Novas configurações familiares e culturais e o progresso da tecnociência, por exemplo, questionam suas teorias e põem em xeque, sob alguns aspectos, sua relevância.

Todavia, chama a atenção o fato de, a despeito de todos os anestésicos – químicos ou não – que nos protegem do contato com nossas mazelas físicas e psíquicas, ainda haver gente que se disponha a deitar-se num divã e simplesmente falar, falar, repetir e elaborar, extraindo "a seco" um sentido de seu desejo para além das fórmulas prontas e dos consolos que o mundo consumista oferece – a partir de 1,99.

Esta coleção se organiza em dois eixos: de um lado, volumes que se dedicam a apresentar um dos textos de Freud, selecionado segundo o critério de importância no âmbito da obra e, ao mesmo tempo, de seu interesse para a discussão de temas contemporâneos na psicanálise e fora dela. De outro, volumes temáticos – histeria, complexo de Édipo, o amor e a fantasia, entre outros –, que abordam, cada um, um espectro de textos que seriam empobrecidos se comentados em separado. No volume sobre a histeria, por exemplo, vários casos clínicos e artigos são abordados, procurando refazer o percurso do tema na obra de Freud.

A editora Civilização Brasileira e eu pensamos em tudo isso ao planejarmos a coleção, mas a resposta à pergunta "por que ler Freud?" é, na verdade, bem mais simples: porque é muito bom ler Freud.

NINA SAROLDI
Organizadora da coleção

PREFÁCIO

Uma das características marcantes do estilo de Freud é sua franqueza. Isto pode soar estranho ao leitor, mas o fato é que poucos autores do porte do criador da psicanálise tiveram e têm a disposição de dividir com o público suas dúvidas e inquietações, de trazer para o corpo da teoria o debate com o pensamento que lhe contradiz. Basta juntar a isso a prosa fluida, agradável, e pronto: o leitor se vê dentro do pensamento de Freud, com acesso livre ao seu gabinete e ao consultório particular; tal como um amante do teatro que consegue, maravilhado, fazer um *tour* aos bastidores e camarins de seu espetáculo preferido. É por esta e por outras razões que podemos, tal como afirma Carlos Alberto de Mattos Ferreira no começo deste volume, nos sentir coautores de sua obra. Sobretudo se o tema em questão for o da fantasia.

Sistemático e impregnado de experiência clínica, o escrito de Carlos Alberto Ferreira guia o leitor pelo labirinto que o tema da fantasia percorre na obra de Freud. Tendo como ponto de partida sua tese de doutorado, o autor alia rigor acadêmico à generosidade para com o público leigo que demandamos de todos os autores da coleção. Na verdade, a própria ideia da coleção se alinha à postura do homenageado. "Para Ler Freud" deve ser sempre um exercício de reler Freud como ele próprio teria relido a si mesmo (com os devidos perdões pela pretensão!).

Carlos Alberto toma como ponto de partida o início da obra do criador da psicanálise e nos mostra como o tema da fantasia se manteve presente até o final, passando pelas mais variadas vicissitudes e combinando-se com outros conceitos, tais como o de sintoma e o de devaneio. Aliás, um título adequado a este volume, além de *Freud e a fantasia: os filtros do desejo*, seria *A história do conceito de fantasia na obra de Freud*. Ao longo destas páginas fica evidente a dimensão simultaneamente universal e profundamente singular da psicanálise. Mesmo diante do estabelecimento de fantasias primordiais por parte do pai da psicanálise – tais como ouvir os pais transando, a sedução em tenra idade, a castração – cada um de nós, ao ler Freud ou submeter-se a uma análise, remete (e reveste) estas fantasias, digamos "esquemáticas", a suas próprias, a um arquivo pessoal. Afinal, conforme explica Carlos Alberto: "As fantasias constituem-se de coisas experimentadas e de coisas ouvidas [...]. Em outras palavras, a fantasia é um produto de experiências corporais articuladas com as do campo da linguagem; constructos mnêmicos do aparelho psíquico."

O quanto estas experiências corporais guardam de "verdade", de correspondência com fatos que possam ser rastreados e tomados como objetivos, é algo que se tornará uma grande questão para a teoria e, sobretudo, para a clínica psicanalítica. Até hoje a psicanálise se afasta – ou se exclui – de determinados debates científicos e/ou filosóficos por conta do conceito de "realidade psíquica", indissociável da noção de fantasia. Carlos Alberto expõe didaticamente em seu livro o modo como o próprio Freud se entregou ao canto da sereia do "real objetivo", "positivo", ao acreditar nas pacientes histéricas nos primórdios da clínica. Durante algum tempo, Freud considerou que os traumas por elas revelados remetiam a histórias reais, que muitos pais eram de fato abusadores de suas filhas, até rever este ponto, articulando a fantasia ao sonho e ao desejo. Foi preciso tempo até que Freud esclarecesse que a natureza dos sintomas histéricos estava ligada à realização de uma fantasia inconsciente de origem sexual.

Dito de outro modo, independentemente do que tenha acontecido na realidade material, no lugar e no tempo que podem ser determinados com precisão, o desejo é como vento nas velas, e leva o barco da fantasia para longe de qualquer porto seguro. O que chamamos de "vida psíquica", observa Carlos Alberto, é aquilo que acontece entre dois extremos: a realidade constatável e o impulso para a realização de desejos. No entremeio, sonhamos, fabricamos sintomas – soluções de compromisso que atendem a diferentes instâncias psíquicas; criamos lembranças encobridoras; e até buscamos a psicanálise na tentativa de substituir fantasias repressoras por "sublimação criativa".

Como de hábito, Freud estabelece relações, no que diz respeito à fantasia, entre ontogênese e filogênese, mostrando como o desenvolvimento do indivíduo se liga inevitavelmente ao desenvolvimento da espécie. Carlos Alberto chama a atenção para o fato de que, nas análises, o surgimento de símbolos que Freud considerava de significado universal, "tais como rei e rainha para pai e mãe, objetos pontiagudos para o órgão genital masculino", exige uma interpretação a partir do material singular trazido pelo paciente. Na mesma linha, as lembranças encobridoras são equivalentes, na história da humanidade, aos mitos e às sagas que apresentam não o que de fato aconteceu, mas aquilo que é possível lembrar, o conteúdo que a memória *permite* que tenha acesso à consciência, seja da pessoa ou dos povos: "a lembrança evocada de um evento de forte conteúdo afetivo da infância pode sofrer um deslocamento por associação, em função da resistência imposta a essa lembrança originária, gerando uma nova lembrança, modificada e de aspecto indiferente, que persiste nessa outra memória." Carlos Alberto menciona a importância dos contos de fadas na função de lembranças encobridoras. A exigência das crianças de que a história seja contada sempre na mesma sequência visa a permitir, a elas, a elaboração de questões importantes, tais como o medo do desconhecido representado, entre outros, pelo "lobo mau".

O autor mostra também como a fantasia se relaciona com as diferentes estruturas psíquicas. Ressalta a importância deste elemento como fronteira que separa as neuroses da perversão, na medida em que o neurótico se limita a fantasiar o que o perverso realiza de fato. Esclarece o modo como, na paranoia, as fantasias remetem a sentimentos de grandeza do eu; enquanto na histeria elas se ligam a fantasias típicas de sedução. Já o obsessivo se entrega às fantasias ligadas à onipotência do pensamento e ao senso de justiça. O autor destaca ainda a importância das fantasias como substrato do conhecimento científico, na medida em que ele é produto da pulsão de saber, e se apresenta, em sua forma final, como um substituto da fantasia, uma espécie de fantasia sublimada.

Em relação a este ponto, é interessante observar, com Freud e Carlos Alberto, como o processo que leva ao conhecimento científico, bem como à criação artística, guarda íntima semelhança com a motivação da criança ao brincar. Usando sua vivência na clínica com crianças e jovens, Carlos Alberto desfaz a ilusão do senso comum de que a infância seria uma espécie de paraíso perdido e mostra como a fantasia mais fundamental que anima os jogos e as brincadeiras é o desejo de crescer, de poder fazer tudo o que os adultos fazem! Fatalmente, quando nos tornamos adultos, cheios de compromissos e contas para pagar, sentimos profunda vergonha de nossas fantasias, e, ao invés de dar vazão a elas socialmente, como fazem os pequenos, tratamos de recalcá-las da maneira mais eficiente possível.

Por sorte existem os escritores e poetas, analisados na parte final do livro, para dar uma forma socialmente aceitável e paradoxalmente prazerosa – afinal mesmo os grandes textos trágicos são fonte de prazer – para sintomas e "devaneios da juventude". Na medida em que a realidade psíquica de cada indivíduo é também formada de ideais coletivos e de fantasias sociais, o simbolismo cultural é um elemento importante no processo de constituição psíquica, destaca Carlos Alberto. A expressão deste simbolismo se dá, por sua vez, na forma de mitos, romances, obras de arte, narrativas científicas, filmes e, mais contemporaneamente, em jogos eletrônicos, que absorvem a energia dos mais jovens e desafiam a compreensão dos mais velhos.

Conforme observou Freud em *Psicologia das massas e análise do eu*, não há psicologia estritamente individual, toda psicologia é necessariamente social e precisa, tanto no *setting* analítico tradicional quanto na análise de grupos, lidar com as fantasias que estruturam nossa realidade comum. Em um momento de crise profunda como o que atravessamos, espero que este pequeno livro possa lançar alguma luz sobre as fantasias que nos movem. Quem sabe sejamos capazes de utilizar a energia nelas contida para outros fins que não a destruição, o escoamento da pulsão de morte, mas para o estabelecimento de uma ordem na qual o mal-estar inerente à cultura seja mais suportável do que tem sido, dando espaço ao amor e ao trabalho, como queria Freud.

NINA SAROLDI

Fazenda Cachoeira, Guaxupé, MG, janeiro de 2017.

INTRODUÇÃO
FANTASIA E/OU IMAGINAÇÃO?

O pensamento freudiano é baseado no diálogo entre conhecimento e rigorosa observação clínica, diálogo ainda hoje desafiador e instigante. Em seu testemunho autoral e indissociável das preciosas observações que moveram seus passos, Freud compartilhou com o leitor rara capacidade de refutar a si mesmo quando se via diante dos enigmas e impasses postos no seu percurso clínico. Nesse sentido, a teoria de Freud impressiona por sua atemporalidade metodológica e clínica.

Freud pensa, escreve e reflete com critérios precisos e com desconcertante despojamento. Cria hipóteses, discute suas validades e revê seus pensamentos para seguir adiante. Sinaliza dúvidas e imprecisões. Acima de tudo, produz conhecimento ao tecer seus textos. Seu leitor é um observador desse processo. Por isso, penso que ler Freud é quase um exercício de coautoria e implicação subjetiva. Devido a uma formação influenciada por diversos mestres da psicanálise, alguns termos e conceitos sempre me pareceram imprecisos no uso tanto teórico quanto clínico. Entre eles, o tema deste livro: a fantasia. O conceito de fantasia, em psicanálise, é definido de formas diversas em função das suas diferentes correntes teóricas. Laplanche e Pontalis[1] escrevem que o termo em alemão *Phantasie*, utilizado por Freud, significa imaginação, abarcando o mundo imaginário, seus conteúdos e a atividade criadora que o anima. Em francês, seu uso não corresponde exatamente ao significado do termo em alemão. Inscrito dentro do campo psicanalítico, seu referente é o termo *fantasme* (fantasma). Este último restringe-se à determinada formação imaginária, não sendo exatamente o que Freud propunha como o mundo das fantasias e a atividade imaginativa em geral. Na língua inglesa, encontra-se a proposta de Susan Isaacs[2] de diferenciar *fantasy* – como equivalente aos devaneios diurnos conscientes e às ficções – e *phantasy*, referindo-se aos conteúdos dos processos mentais inconscientes.

Roudinesco e Plon[3] reafirmam as definições de Laplanche, acrescentando que, em francês, o termo *fantasme* foi forjado num sentido conceitual diferente do alemão. Em francês, deriva do grego *phantasma* (aparição, transformada em "fantasma" no latim) e do adjetivo *fantasmatique* (fantasmático), aproximando-se, por sua significação, de *fantomatique* (fantasma, fantasmagórico). Kaufmann, em seu verbete sobre

---

[1] Laplanche, J. & Pontalis, J-B. *Vocabulário da psicanálise*.
[2] Isaacs, S. et al. "A natureza e a função da fantasia". In: *Os progressos da psicanálise*.
[3] Roudinesco, E. & Plon, M. *Dicionário de psicanálise*.

a fantasia, não a define, mas busca descrevê-la em Freud, comparando-a com o uso proposto por Lacan. Para Kaufmann, baseado nos escritos de Laplanche & Pontalis, a fantasia é, em Freud, "um roteiro imaginário em que o sujeito está presente, e que figura de maneira mais ou menos deformada pelos processos defensivos, a realização de um desejo e, em última análise, de um desejo inconsciente".[4]

Nenhum dos três dicionários citados faz qualquer menção ao conceito de fantasia utilizado por Winnicott, que estabelece uma diferença entre imaginar e fantasiar: a capacidade de imaginar é decorrente da ilusão de onipotência vivenciada pelo bebê, e, por sua vez, precede o simbólico. A fantasia equivale ao devaneio e se opõe ao processo criativo. A fantasia é o resultado de uma defesa, uma construção do falso *self* e é compreendida como incapacidade para brincar, enquanto a imaginação é o suporte do processo criativo.[5]

Na Standard Edition Brasileira, traduzida do inglês para o português, muitas vezes o termo fantasia é traduzido como "imaginação". Analisando, na edição da editora argentina Amorrortu, a tradução do termo alemão *Phantasie* para o espanhol, observam-se duas possibilidades distintas, que são *fantasia* e *imaginação*.[6]

---

[4] Kaufmann, P. *Dicionário enciclopédico de psicanálise*: O legado de Freud e Lacan, p. 196.
[5] Winnicott, 1975.
[6] Dicionário *Leo*.

O mesmo pode ser observado na tradução alemã para o inglês: *Phantasie* (alemão) pode ser traduzido por *fantasy*, *phantasy*, *imagination* e *invention*.[7] Na tradução do alemão para o francês, observa-se a mesma distinção, *Phantasie* (alemão) se traduz por *fantasie* e *imagination*.[8] Em síntese, muitas questões nos levam a refletir sobre o significado do termo fantasiar no campo psicanalítico. A tradução de Luiz Hanns para as Obras Psicológicas de Sigmund Freud aponta para importantes aspectos das tramas que envolvem o processo de construção e uso dos conceitos na obra freudiana.

Hanns aponta para uma diferença muito importante para este livro – a que se observa entre as tramas enfáticas e as de articulação. Nas tramas enfáticas, utilizam-se termos que se equivalem, se agrupam pela semelhança e que não se constituem propriamente em um conceito, mas sinalizam blocos de palavras cuja "ideia-força" objetiva conferir certo sentido genérico. Por exemplo, "fantasia", "imaginação", "fantasma", "alucinação", "delírio" podem ser utilizadas para se opor a outro grupo constituído por "realidade", "consciência", "consciente" e "razão". Nesse caso, os termos equivalem a pré-conceitos. Nas tramas de articulação, os termos ganham estatuto de conceitos, diferenciando-se entre si e encontrando definições

---

[7] Idem.
[8] Idem.

específicas para seu uso dentro das sistematizações teóricas mais precisas.

Hanns investigou, no contexto da tradução da obra freudiana, estas tramas em seus usos enfáticos e de articulação. Buscando manter o objetivo desta coleção, este livro se propõe a abordar o conceito de fantasia essencialmente dentro da obra freudiana, evitando perder-se no diálogo com outras correntes psicanalíticas.

Os capítulos seguem o percurso cronológico da obra de Freud, incluindo associações com suas próprias reflexões posteriores. Pontos considerados fundamentais foram destacados ao longo desta pesquisa, tais como: as transformações que o uso do termo fantasia foi sofrendo ao longo da obra freudiana; o esclarecimento sobre a constituição da realidade psíquica; a relação entre a ontogênese e a filogênese na transmissão cultural; os sintomas; a sexualidade; a função do brincar e sua relação com a constituição defensiva e criativa do sujeito diante dos desafios impostos pela natureza e pela civilização.

Considera-se que a fantasia é um dos conceitos fundamentais da teoria psicanalítica, na medida em que todos os outros elementos desse campo encontram-se, em diferentes níveis, articulados a ela. Especialmente hoje, um período em que se avança nos estudos sobre a clínica dos primórdios e sobre a importância do meio e das ideologias, bem como nos diálogos com as neurociências. Devido ao formato editorial, optou-se, deliberadamente, por selecionar alguns constructos da obra freudiana sem abranger todos os usos descritos do termo fantasia. Espera-se, deste modo, que este livro possa contribuir para uma compreensão mais ampla do importante papel que a fantasia desempenha na constituição do psiquismo.

1. A GÊNESE DA FANTASIA NAS LEMBRANÇAS, NOS SINTOMAS E TRAUMAS

> *"Teoria é bom, mas não impede que as coisas existam."*
>
> (Jean-Martin Charcot *apud* Sigmund Freud, 1893)

Pode-se estabelecer como um marco da ruptura entre o localizacionismo cerebral e os sintomas histéricos as descobertas produzidas por Charcot, Breuer e Freud. Sob esse olhar histórico, situamos nesse processo o que parece ser o surgimento do conceito de fantasia na obra psicanalítica freudiana.

O protótipo dessa gênese pode ser encontrado nas conferências de Charcot, em seus estudos sobre a histeria. Os escritos, que valorizam as subjetividades na compreensão dos sintomas, produzem uma linhagem de narradores de experiências que vieram a mudar o rumo do entendimento da mente humana, ou, como esta passará a ser chamada neste texto, do psiquismo.

Considera-se que a semente do conceito de fantasia está presente desde as análises sobre a etiologia das histerias, quando Freud afirmava que os sintomas físicos não poderiam ser tratados como se fossem independentes de uma série de distúrbios psíquicos – distúrbios estes que estavam, ainda, fora de sua compreensão. Charcot e Freud acreditavam que, no futuro, seriam encontradas muitas explicações para o que, até então, parecia incompreensível:

> Esses distúrbios psíquicos são alterações no curso e na associação de ideias, inibições na atividade da vontade, exagero e recalque dos sentimentos etc. – que podem ser resumidos como alterações na distribuição normal, no sistema nervoso, das quantidades estáveis de excitação.[9]

A relação estabelecida entre o somático e o psíquico, em especial, *as alterações no curso das ideias*, faz pensar numa primeira articulação entre uma produção ideativa vinculada ao soma. Esta vinculação ainda não era propriamente compreendida, mas podia ser observada e corroborada, à época, por meio da hipnose.

Mesmo não tendo sido nomeada, já é possível notar a importância do papel da fantasia no psiquismo quando Freud relata que a histeria podia ser observada em mulheres que se sentiam totalmente desprovidas de sua genitália, sem que essa constatação anatômica pudesse ser comprovada. Mais ainda, Freud propunha que, na etiologia de todas as neuroses, teria que ser admitido

---
[9] Freud, S. "Histeria", p. 85.

um papel importante do funcionamento da vida sexual. A problemática relativa ao trauma na histeria mereceria duas considerações: uma predisposição anterior aos ataques e a comprovação de como certos traumas que afetavam partes do corpo tornavam-se o *loci* de histerias locais, sem qualquer correlação de ordem fisiológica entre o ocorrido e a parte do corpo afetada. Relacionando o sintoma da histeria com fenômenos da vida cotidiana, Freud demonstrava que certas mulheres histéricas tinham seus ataques eliminados durante os primeiros anos de casamento e que, após o esfriamento das relações conjugais, estes reapareciam. Nota-se, aqui, a afirmação de uma estrutura sintomática que está presente, desaparece durante um período de provável satisfação e retorna diante de uma interferência posterior, geralmente relacionada com a sexualidade. Observando os ciclos dos distúrbios histéricos, Freud sugere que estes, em muitos casos, tendem a passar por um período de incubação, "ou melhor, um período de latência, durante o qual a causa desencadeante continua atuando no inconsciente".[10]

Em outro ponto importante levantado por Freud, pode-se observar a semente das ideias de identificação e repetição, quando se afirma que a atitude de familiares diante dos histéricos, tais como alarme e excesso de preocupação, só reafirma nos pacientes um aumento

---

[10] Ibidem, p. 89.

de excitação e de suas tendências. Freud relata, ainda, que se um paciente em determinada hora costuma ter um ataque, os familiares já esperam, pela via da regularidade, a expressão deste ataque, muitas vezes antecipando a irrupção do sintoma: "com isso assegurando a repetição do evento temido."[11]

Acerca da relação entre a *ideia* e o *soma*, Freud, baseado nas teorias de Pierre Janet, começa a pensar que, na histeria, há uma causa que relaciona as representações de *corpo* que são mais bem compreendidas sob uma perspectiva perceptiva do que sob a visual, neuroanatômica, levando-o a fazer a seguinte indagação: "...na paralisia histérica, a lesão será uma modificação da representação da ideia de braço, por exemplo. Mas que espécie de modificação será essa, capaz de produzir paralisia?"[12]

Sob a ótica psicológica, Freud sustenta que, na lesão causada pela histeria, a representação da parte afetada do corpo não estava associada com as outras ideias constituintes do Eu, do qual o corpo do indivíduo forma uma parte importante. A acessibilidade associativa da representação de determinada parte do corpo estava abolida.

Numa perspectiva antropológica, Freud correlacionava esse fenômeno da histeria com os mitos primitivos

---

[11] Ibidem, p. 91.
[12] Ibidem, p. 213.

de certas tribos selvagens que, quando da morte de seu chefe, queimavam seu corpo, seu cavalo, seus objetos e até suas esposas, obcecadas pela ideia de que ninguém deveria tocá-los. A relação aqui estabelecida é a de haver uma quantidade de afeto que se vincula com a primeira associação – o chefe, no caso – e que oferece resistência a entrar numa rede de associações com outros objetos – suas posses, sua esposa –, criando, assim, uma barreira de inacessibilidade à ideia primária, à ligação do objeto original. Constata-se, novamente, uma noção implícita de fantasia, observando-se, pela primeira vez, uma associação entre filogênese e ontogênese. Freud afirma não fazer uma mera comparação neste caso, mas observar basicamente o mesmo processo no indivíduo e no grupo. Revela-se, portanto, o nascedouro de um sintoma particular vinculado à transmissão e à criação coletiva.

Outro aspecto importante desta explicação surge na primeira referência aos processos subconscientes, quando Freud reconhece a inacessibilidade de uma representação investida de uma grande carga de afeto com outras associações. Assim, reconhecendo que uma parte do corpo estará paralisada em proporção com a persistência dessa quantidade de afetos ou com sua diminuição por intermédio de meios psíquicos apropriados, Freud afirma: "...em todos os casos de paralisia histérica verificamos que o órgão paralisado ou a função abolida estão envolvidos numa associação subconsciente que é revestida de uma grande carga de afeto."[13] Na medida em que essa carga afetiva é eliminada, os movimentos das partes do corpo que estão paralisados são logo liberados. A hipótese, nesse momento, se sustenta sob a ideia de que a representação de parte do corpo paralisada encontra-se presente no substrato material, mas não é acessível à consciência, em virtude do fato de que o conjunto das afinidades associativas está "impregnado de uma associação subconsciente com a lembrança do evento, o trauma, que produziu a paralisia".[14] A fixação dessa representação de parte do corpo numa associação subconsciente com a lembrança do trauma passa a ser a responsável pela alteração funcional. A resolução desse problema é pela via da descarga motora equivalente ou por uma forma de atividade psíquica consciente que seja capaz de eliminar essa carga de afeto.

Novos achados sobre a hipnose: lembranças e trauma

Examinando pacientes histéricos sob hipnose, Freud começou a formular novas hipóteses, tais como a compreensão que

---
[13] Ibidem, p. 208.
[14] Ibidem.

> o ponto central de um ataque histérico [...] é uma lembrança, a revivescência alucinatória de uma cena que é significativa para o desencadeamento da doença [...]. O conteúdo da lembrança geralmente é ou um trauma psíquico, que, por sua intensidade, é capaz de provocar a irrupção da histeria no paciente, ou é um evento que, devido à sua ocorrência em um momento particular, tornou-se um trauma.[15]

Trauma seria definido por Freud como um *acréscimo de excitação* ao sistema nervoso, que é incapaz de fazer dissipar-se adequadamente pela reação motora. Nesse sentido, os ataques histéricos poderiam ser considerados como uma tentativa de reação ao trauma.

A ideia de conflito psíquico vai se tornando cada vez mais elaborada. Passa a se reconhecer nos mecanismos internos dos estados histéricos um conflito decorrente da emergência de um material de representações e impulsos à ação que a pessoa, em seu estado sadio, rechaçou e inibiu, muitas vezes, mediante um grande esforço psíquico. Enquanto Charcot defendia a ideia de que a etiologia dos ataques histéricos era a hereditariedade, Freud, cada vez mais, se inclinava a relacionar os sintomas histéricos e outras fobias na esfera do que lhe pareciam ser "anormalidades" da vida sexual.

---

[15] Freud, S. "Prefácio e notas de rodapé à tradução das conferências das terças-feiras, de Charcot", p. 179.

Escrevendo a Breuer,[16] Freud estabelece novos rumos para a compreensão da teoria da histeria. Tentando organizar as ideias até então produzidas, estabelece três parâmetros principais: o teorema referente à constância da soma de excitação, a teoria da memória e o teorema que estabelece que os conteúdos dos diferentes estados de consciência não estão relacionados entre si. Em síntese, estas teorias sustentam que sonhos, auto-hipnose e afetos, como sintomas crônicos, são deslocamentos de somas de excitações que não foram dissipadas. O motivo do deslocamento seria a tentativa de reação, e o da persistência estaria na dissociação dos estados de consciência. Por outro lado, a origem dos sintomas histéricos parecia a Freud ser *altamente obscura*. Considera-se instigante que já nesse período Freud pudesse ser capaz de intuir os aspectos dinâmicos, tópicos e econômicos do psiquismo.

A predisposição histérica passa a ser atribuída a produções de causas internas e/ou a fatores desencadeantes externos. Entretanto, o que mais lhe parecia provável é que ambos estivessem combinados. Para que tal fenômeno se faça cada vez mais compreensível, Freud sustenta que é indispensável supor a hipótese de uma dissociação – *uma divisão no conteúdo da consciência*. Quais formulações sustentariam, nesse momento, essa ideia de divisão?

---
[16] Freud, S. "Esboços para a 'comunicação preliminar' de 1893".

Primeiramente, Freud expõe sua concepção de que o elemento que se repete nos casos histéricos é certo revivescimento de um estado psíquico anterior, ou, em suas palavras, *o retorno de uma lembrança*. Suas observações confirmam que os fenômenos motores de cada expressão de histeria não são desvinculados de seu conteúdo psíquico. Em segundo lugar, o *retorno de uma lembrança* não se trata simplesmente de qualquer lembrança, mas sim de um evento que, ao retornar, foi o responsável pela irrupção da histeria – *o trauma psíquico*. Essas ideias remetem à presença de uma lembrança que representa o trauma vivido anteriormente.

Numa terceira argumentação, essa lembrança é levada à categoria de lembrança inconsciente: haveria no psiquismo duas formas de consciência. O primeiro estado de consciência seria a consciência "normal", e, o segundo, aquele que se encontra afastado da consciência. Assim, a lembrança inconsciente estaria localizada no segundo estado de consciência, que se encontra organizado em diferentes graus, dependendo das características da histeria. Para explicar o ataque histérico, sob essa perspectiva, Freud argumentaria que durante estes ataques o paciente estaria parcial ou totalmente neste segundo estado de consciência.

Formulando premissas para compreender as origens dessas lembranças, Freud sugere que estas são produtos de experiências que o paciente procura esquecer, inibindo e suprimindo ideias. Ao localizar esses atos psíquicos na segunda consciência, contudo, o paciente não faz as experiências desaparecerem. Estas retornam sob a forma de ataque histérico. A ideia de constância energética apresenta-se como mantenedora desse equilíbrio, buscando eliminar o excesso de excitação ou descarregando-o por meio de uma ação motora específica.

Na histeria, ocorre que essas lembranças/impressões não conseguem efetuar uma descarga adequada, porque o paciente, segundo Freud,

> ...se recusa a enfrentá-las, por temor de conflitos mentais angustiantes, seja porque (tal como ocorre no caso de impressões sexuais) o paciente se sente proibido de agir, por timidez ou condição social, ou, finalmente, porque recebeu essas impressões num estado em que seu sistema nervoso estava impossibilitado de executar a tarefa de eliminá-las.[17]

Reunindo essas ideias, Freud vem a redefinir como trauma psíquico "toda impressão que o sistema nervoso tem dificuldade em abolir por meio do pensamento associativo ou da reação motora".[18]

---

[17] Ibidem, p. 196.
[18] Ibidem.

Sexualidade, tensão e afeto

Argumentar que a sexualidade é um dos componentes dos sintomas histéricos era uma ideia que não condizia com a moral vigente. Na troca de cartas com Wilhelm Fliess, um de seus principais interlocutores, Freud chega a pedir que ele não leia seus escritos para a jovem esposa. A afirmação de que toda neurastenia é sexual passa a ter um cunho definitivo na teoria de Freud.[19] A descrição dos sintomas era classificada como: 1) hipocondria, quando a angústia estava relacionada com o corpo; 2) agorafobia, claustrofobia e vertigem em lugares altos, para uma angústia relacionada ao funcionamento do corpo; e 3) ruminações obsessivas e *folie de doute*, uma angústia relacionada com as decisões e a memória, ou seja, com as fantasias de outras pessoas em relação ao funcionamento psíquico de si mesmo.

Na carta 18 para Fliess, Freud descreve sua compreensão da ligação entre os sintomas neuróticos, os afetos e a sexualidade. Partindo do pressuposto de uma crença numa vida sexual normal, que começa a ser abalada, estabelece, em relação aos afetos, o que parece ser a primeira impressão sobre a *cisão entre amor e sexo*. Em relação aos mecanismos neuróticos e suas expressões afetivas, concebe três mecanismos de direcionamento: as transformações do afeto presentes na histeria de

---

[19] Freud, S. "Etiologia das neuroses".

conversão; o deslocamento dos afetos nas obsessões; e a troca de afeto nas neuroses de angústia e na melancolia. Diante dos desafios observados na clínica, reafirma-se outra cisão *entre a esfera psíquica e a esfera física*[20] para descrever suas noções sobre a origem da angústia. Abandona-se a ideia de que a angústia teria origem na esfera psíquica e sugere-se que sua produção se deve a um fator físico da vida sexual, como produto de uma transformação, em função da tensão sexual acumulada. A histeria e a neurose de angústia são resultantes desse represamento e do acúmulo de tensão sexual física.

Ao analisar a melancolia, Freud verifica que nos indivíduos afetados apresenta-se uma falta da necessidade de relação sexual e um grande *anseio pelo amor em sua forma psíquica*. Buscando estabelecer a origem sexual da melancolia, diria que estes indivíduos apresentam uma tensão erótica psíquica. Logo, a origem da angústia nas neuroses começava a ganhar suas formas: "onde se acumula tensão sexual física – neuroses de angústia, e quando se acumula tensão sexual psíquica – melancolia."[21]

Nessa perspectiva econômica da teoria da angústia, encontra-se, no que diz respeito à melancolia, uma compreensão de que o afeto correspondente à melancolia é o luto. Em outras palavras, o melancólico deseja recuperar algo que foi perdido, supondo-se que seja da

---

[20] Freud, S. "Rascunho E".
[21] Ibidem.

ordem da vida pulsional. Relacionando melancolia com anorexia, Freud sustenta ser, esta última, a expressão de uma sexualidade não desenvolvida. A falta de apetite ou sua perda podem representar a perda da libido. Assim, a melancolia poderia ser pensada como um luto por perda da libido. A dimensão econômica da neurose sinaliza que a potência está mais vinculada às neuroses de angústia e à impotência aos estados melancólicos.

Defesas, lembranças e recalque

As então denominadas aberrações[22] se contrapõem a estados afetivos "normais" e que podem ser detectados na histeria pelos conflitos, na neurose obsessiva pela autocensura, na paranoia pela mortificação e no luto pela amência (demência) alucinatória aguda. As causas precipitadoras são de natureza sexual e ocorrem durante a infância, num período anterior à maturidade sexual. Ao considerá-las constituídas na vivência do indivíduo, Freud minimiza e praticamente descarta a possibilidade da "hereditariedade" vir a ser um determinante para a escolha das defesas neuróticas.

Partindo da lei da constância da soma de excitações, Freud afirma ser normal a tendência às defesas, na medida em que estas surgem como medidas para dirigir a energia psíquica a fim de evitar o desprazer. Contudo,

---
[22] Freud, S. "Manuscrito K".

essas defesas não podem se impor às percepções, mas somente às lembranças e aos pensamentos.

As tentativas de compreender a origem do recalque e a escolha de defesa se complexificam nas ideias de Freud. Ele levanta a hipótese de que a produção de desprazer na vida sexual pode, inclusive, ter uma fonte independente, gerando repulsa e reforçando a moralidade. Assumindo que a teoria do processo sexual ainda era uma incógnita, Freud afirma não ter respostas para explicar ainda, no recalcamento, a origem do desprazer.

Contudo, Freud já pode afirmar, por exemplo, que as experiências sexuais traumáticas da infância sofrem recalque; que o recalcamento num período posterior é o que desperta a lembrança primitiva, criando um sintoma primário. Dá-se, então, a criação de defesas neuróticas diante do sintoma primário e, por fim, surge a ideia do "retorno do recalcado". Tal expressão sugere que, diante do retorno das ideias recalcadas, em suas lutas internas com o Eu, novos sintomas são formados, criando a base da neurose. Esta fase é denominada de "ajustamento, de ser subjugado, ou de recuperação com uma malformação".[23] E Freud conclui, nesta reflexão, que cada neurose tem sua determinação em função do modo como se realiza o recalque. E como atuam as lembranças, na sua relação com o recalque, produzindo neuroses?

---

[23] Ibidem, p. 269.

Na neurose obsessiva, a experiência primária é acompanhada de prazer. O processo da autocensura – que é inicialmente consciente – origina a sensação de desprazer. Para proteger o indivíduo deste desprazer, lembranças e autocensuras são recalcadas, criando-se em seu lugar um sintoma antitético com um perfil de escrupulosidade. Durante a "maturidade sexual" emerge o retorno do recalcado, por meio da autocensura, como um sentimento de culpa. Na puberdade, ocorre uma presentificação do sentimento de culpa experimentado na infância. Do ponto de vista da representação – do conteúdo que o sujeito consegue associar ao sentimento de culpa –, ela não se liga à ação presente real, mas a um substituto eleito como categoria análoga, "mas falso, em virtude do deslocamento e da substituição por analogia".[24]

Buscando esclarecer melhor os sintomas da neurose obsessiva, Freud descreve a sintomatologia das obsessões e compulsões, partindo das ideias dos sintomas provocados pelas defesas secundárias que emergem diante da luta defensiva do Eu contra a obsessão. Inicialmente, o afeto proveniente da autocensura pode transformar-se em outras formas de afeto mediante mudanças que ocorrem em diversos processos psíquicos. Assim, os afetos podem ter acesso à consciência como uma forma distorcida do afeto primário, tomando formas tais como

---
[24] Ibidem, p. 271.

angústia (medo proveniente da autocensura), hipocondria (medo dos efeitos corporais), delírios de perseguição e vergonha (medo de alguém saber), entre outros.

O Eu reconhece, em algum nível, um estranhamento nessa obsessão, mas pode, por vezes, ser subjugado por esta, quando está suscetível a uma melancolia transitória. Desse conflito do Eu contra o domínio das obsessões resultam os sintomas secundários, que se configuram por uma exacerbação do sentimento da escrupulosidade e por compulsões a investigar detalhadamente as coisas e acumulá-las; além do deslocamento para os impulsos motores, gerando ensimesmamento, compulsões para a bebida, rituais protetores e *folie de doute*. Freud observa que as dissociações entre as ideias e os afetos constituem o sintoma da neurose obsessiva. O trabalho clínico consistiria em desfazer a trama das substituições e transformações de ideias e afetos, respectivamente, visando à emergência dos fatores primários desencadeantes dos sintomas.

No tocante à paranoia, Freud assumiria seu desconhecimento quanto às suas origens na experiência primária. Contudo, busca estabelecer alguns parâmetros para o funcionamento do recalque e o papel das lembranças em relação ao mecanismo da neurose obsessiva, parecendo-lhe que a natureza da experiência primária possa ser semelhante em ambos os casos. O recalque surge após a respectiva lembrança ter causado desprazer, apesar de Freud não compreender muito bem como isso acontece nesse momento. Não há formação de autocensura nem posterior recalque proveniente dela na paranoia. Ocorre então que o desprazer, não podendo surgir de um mecanismo introjetado, é projetado às pessoas que se relacionam com o paciente. A desconfiança dos outros é constituída como um sintoma primário. Nesses casos, o retorno da experiência pode ser por meio do afeto aflitivo e/ou da lembrança. O retorno por meio da lembrança se dá sob a forma de pensamentos alucinatórios visuais ou sensoriais, e o do afeto recalcado por alucinações auditivas. As lembranças que retornam não são substituídas como na neurose obsessiva; elas são distorcidas por imagens equivalentes retiradas do momento presente vivido. A distorção é, portanto, cronológica. A defesa fracassa diante do retorno do recalcado, permitindo a formação de delírios.

Na histeria, Freud supõe uma experiência primária de desprazer que vem a determinar como de natureza passiva, justificando ser mais comum nas mulheres por estas apresentarem uma passividade sexual natural. Nos casos clínicos de histeria com homens, essa condição primária de passividade sexual também se encontrava presente. Acreditando que os eventos causadores de prazer possam ter um prosseguimento independente, sugere que essas experiências de desprazer não ocorrem numa idade muito precoce, caso contrário teriam o mesmo destino que as neuroses obsessivas. O Eu, não suportando a produção da tensão que gera desprazer, cria saídas via manifestação de descargas observáveis, em geral, por uma expressividade exagerada de excitação. O recalque, a formação de sintomas e a conexão com a lembrança ocorrem posteriormente. A partir de então, a defesa e a subjugação do Eu observadas pela formação dos sintomas e a irrupção dos ataques podem combinar-se sob os mais diversos graus.

O recalque na histeria, diferente da ideia antitética das obsessões, é constituído por uma ideia limítrofe bastante intensa, representada após a lembrança no fluxo do pensamento. Freud denomina a ideia de limítrofe em virtude do fato de, por um lado, pertencer ao Eu, e, de outro, ganhar os contornos de uma parte não distorcida da lembrança traumática. Nesse sentido, torna-se o resultado de um compromisso, sem expressão substitutiva, mas caracterizado pelos deslocamentos da atenção que relaciona uma série de ideias, vinculadas a uma simultaneidade temporal. A manifestação motora, como saída para o evento traumático, é a expressão da ideia limítrofe e o primeiro símbolo do material recalcado. Trata-se, portanto, mais de uma lacuna na psique do que propriamente da supressão de uma ideia.

As primeiras cenas da fantasia

Em sua carta 46 para Fliess, Freud introduz a noção de cena sexual, que pode ser considerada como a ideia precursora da cena primária. Nesse documento, a concepção de cena sexual vem agregar-se às noções anteriormente descritas sobre defesas, recalque e lembranças.

Com relação aos tipos de neuroses, Freud destacava que, na histeria, as cenas sexuais são vividas nos quatro primeiros anos de vida e, por isso, "os resíduos mnêmicos não são *traduzidos* em imagens verbais".[25] O impedimento à tradução é devido ao formato conversivo da histeria, em função do excesso de sexualidade, atuando em conjunto com a defesa.

As cenas sexuais da neurose obsessiva originam-se no período entre quatro e oito anos, quando já é possível *traduzi-las*[26] por meio de palavras. Quando despertadas no período da pré-puberdade podem se constituir em sintomas obsessivos. Na paranoia, Freud situa as cenas no período da pré-puberdade, despertando na maturidade e tendo como defesa principal a desconfiança. Para a escolha da neurose não importa o período em que se dá o recalque, mas sim aquele no qual ocorre o evento da cena. A natureza desta é que é capaz de dar origem ao tipo de defesa. Uma falha na "tradução" é equivalente ao recalcamento.

Freud, neste momento, estava certo de que os resíduos mnêmicos eram caracterizados por experiências sexuais vividas. Mais especificamente, em relação à histeria, relata que o ponto fundamental desta é o fato

---

[25] Freud, S. "Carta 52".
[26] Ibidem, p. 283.

de ser o resultado de uma *perversão* por parte do sedutor, e se convence de que este é *o próprio pai* do paciente. O ataque histérico não pode mais ser reduzido a uma descarga, mas a uma ação caracterizada por representar a reprodução do prazer. Em virtude da característica de representar uma ação, Freud estabelece que os ataques histéricos são sempre endereçados a uma outra pessoa, sendo que esta *outra* do presente estará sempre no lugar de uma outra anterior. Convicto de que o trauma sexual vivenciado é o responsável pelos sintomas, Freud desenvolve a ideia de que a psicose é proveniente de abuso sexual decorrente antes dos 15/18 meses de idade.

A partir da carta 56 para Fliess, Freud vincula seu percurso ao campo da antropologia, o que vem a redirecionar e a modificar seu entendimento sobre a etiologia das neuroses. Começa a estabelecer a dimensão fantasística dos sintomas. A figura do diabo e das bruxas que assombraram a Idade Média passa a servir de sinais renovadores para a compreensão do psiquismo. Analisando a teoria medieval demoníaca, Freud encontra os mesmos elementos presentes na histeria, como a teoria de um corpo estranho e de uma divisão na consciência. Observa que os testemunhos das "bruxas", feitos sob tortura, se pareciam com as mesmas comunicações feitas por seus pacientes. Bruxas, diabos, palavrões, cantigas e hábitos da infância começam a ter significações na sintomatologia da histeria. Em sua carta 59, Freud declara, textualmente:

...o aspecto que me escapou na solução da histeria está na descoberta de uma nova fonte a partir da qual surge um novo elemento da produção inconsciente. O que tenho em mente são as fantasias histéricas, que, habitualmente, segundo me parece, remontam a coisas ouvidas pelas crianças em tenra idade e compreendidas somente mais tarde. A idade em que elas captam informações dessa ordem é realmente surpreendente – dos seis ou sete meses em diante!...[27]

Neste pequeno trecho, Freud constata a descoberta das fantasias na histeria, seu caráter inconsciente e, principalmente, a precocidade da sua constituição remetida aos primeiros meses de vida e a compreensão, *a posteriori*, daqueles conteúdos fragmentados na memória do indivíduo. Claudicante entre as novas contribuições produzidas pela noção de fantasia e arraigado às ideias de cenas sexuais primárias, Freud passa a tentar articular ambas. Reconhece o conteúdo fantasístico, mas como um escudo, uma ficção protetora das cenas sexuais. As lembranças responsáveis pela produção do recalcamento têm de ser abandonadas e passam a dar lugar a impulsos derivados das lembranças e decorrentes das cenas primevas. O caminho para se chegar, no tratamento clínico, às cenas primevas tinha que passar pelas fantasias, pois sua função era a de obstruir as lembranças.

---
[27] Freud, S. "Carta 59", p. 293.

As fantasias constituem-se de coisas experimentadas e de coisas ouvidas. Esta definição é muito importante, pois estabelece um princípio fundamental para a construção desse conceito, tão caro à psicanálise. Em outras palavras, a fantasia é um produto de experiências corporais articuladas com as do campo da linguagem; constructos mnêmicos do aparelho psíquico.

Revendo seus casos clínicos a partir de novas interpretações influenciadas pela noção de fantasia, Freud se pergunta, tendo Fliess como testemunha: "Edições múltiplas das fantasias estarão também retrospectivamente vinculadas à experiência original?"[28] A partir dessa dúvida, emergindo com sua produção sobre a teoria dos sonhos e a noção de realização de desejo, a certeza da existência de cenas sexuais universais para os sintomas histéricos começa a ruir. Freud passa a estabelecer associações entre as fantasias e os sonhos, e, consequentemente, entre fantasia e desejo. Estas associações provocam uma reviravolta na teoria das neuroses.

Em sua carta 69 para Fliess, Freud afirma: "Não acredito mais na minha neurótica (teoria das neuroses)."[29] Esta declaração encerrava, além de um ciclo de angústias cognitivas, a determinação de que os conteúdos das lembranças eram relativos a experiências sexuais

---

[28] Freud, S. "Rascunho L", p. 299.
[29] Freud, S. "Carta 69", p. 309.

realmente vividas. Por outro lado, abria-se todo um horizonte para o reconhecimento das fantasias, dos desejos, da sexualidade infantil e do drama familiar constitutivo do complexo de Édipo.

Antes de descrever os pontos nos quais Freud sustenta essa virada na teoria (e na clínica), deve-se ressaltar, em seus escritos, o compromisso investigativo da verdade clínica que, em seus impasses, o coloca numa posição de não ter vergonha em reformular seus escritos, seu pensamento, seu olhar e sua atenção teórico/clínicos. Esta forma de descrever o pensar e o agir, articulando teoria e experiência como instrumento de criação e transformação, remete-nos a uma dimensão do saber humano que, para se erigir, não teme equivocar-se. Desta forma, os "erros" não são vistos como impedimentos, mas sim como sinais das incompletudes da razão diante da diversidade da vida. E Freud não abriu mão das palavras de Charcot: "Teoria é bom, mas não impede que as coisas existam."[30]

A teoria da neurose sofre uma grande transformação a partir dessa nova compreensão. Freud deduz que a ideia de universalidade de pais que seduzem suas filhas ou seus filhos não poderia mais ser concebida. Primeiro, porque sua autoanálise o levava a se perguntar se ele mesmo não seria histérico e, assim, caberia a questão: teria seu próprio pai agido dessa

---

[30] Freud, S. "Charcot", p. 23.

forma com ele? Segundo, se realmente o número de pais que seduzem seus filhos fosse equivalente aos relatados e transmitidos pelos pacientes, muito mais provavelmente a grande doença da humanidade seria a perversão em vez da histeria. O terceiro ponto diz respeito à comprovação de que não há indicações da realidade no inconsciente, tornando complexa a tarefa de discriminar entre verdade e ficção. Nem mesmo as psicoses mais graves são capazes de revelar, em seus mais profundos delírios, o segredo das experiências infantis. Freud conclui, ainda, que o inconsciente não consegue nunca se tornar consciente – por não ser capaz de superar suas resistências (do consciente) – e que o consciente não é capaz de domar totalmente o inconsciente.

O que há de realidade na fantasia e o que há de fantasia na realidade? Esta passa a ser uma questão fundamental não somente na obra freudiana, mas em toda a psicanálise até a presente data. Oscilando entre a psicologia e a biologia, Freud se questiona se não deveria utilizar o nome de metapsicologia para explicar sua psicologia, que está além dos limites da consciência.

Nas últimas cartas para Fliess, Freud demonstra acreditar que as fantasias são produzidas em períodos posteriores da vida, de forma projetada para o passado, sendo que este pode remontar aos períodos mais primitivos da infância. Contudo, supunha que a capacidade de fantasiar nos primórdios da infância é nula, apesar da presença no embrião do impulso sexual. Por fim, define que a nossa vida psíquica é produto do par de opostos: realidade e realização de desejos. E os sintomas? Como entendê-los dentro desses pares de opostos?

O sintoma é diferente do sonho, na medida em que este último está mantido fora da realidade. Já o primeiro está presente na vida e precisa ir mais além. Sua função é a de tornar possível, também, a realização do desejo do pensamento recalcador: "O sintoma surge ali onde o pensamento recalcado e o pensamento recalcador conseguem juntar-se na realização do desejo [...]. O sentido do sintoma é um par contraditório de realizações de desejos."[31]

Fantasia, trauma e erogeneidade

Como visto, diante da clínica das histerias, Freud acreditava, inicialmente, que as lembranças de sedução (mencionadas durante o tratamento) constituíam-se como causa precipitante na etiologia das neuroses. Assim, considerava que a causa dos sintomas histéricos era de origem traumática, por uma cena realmente vivida de sedução na tenra infância e, muito provavelmente, com o próprio pai. Com o decorrer da experiência clínica, Freud começou a se questionar se

---
[31] Freud, S. "Carta 105", p. 329.

essa cena primária teria realmente ocorrido. Se assim fosse, pensava, a perversão seria mais universal do que a neurose.

Refletindo sobre a sua autoanálise e nas cartas trocadas com Fliess, Freud chega à conclusão de que as lembranças de sedução são fantasias, produtos de desejos reprimidos e não de cenas reais propriamente ditas. A teoria da fantasia substitui a teoria do trauma. No entanto, o conceito de trauma retornaria com toda a sua força pulsional no período da elaboração da segunda tópica freudiana, quando Freud reconsidera o papel que este desempenha nas neuroses, em especial nas neuroses traumáticas de guerra e nos traumas realmente vividos na infância. A fantasia cumpre uma função defensiva de proteger o psiquismo da força do trauma, buscando enlaçá-lo, para que a intensidade de sua força possa ser amortecida. Quando a força dessa pressão é extremamente danosa ao psiquismo, as defesas manterão essa lembrança no inconsciente, e seu retorno, geralmente nos sonhos, apontam que o choque causado manteve-se fora do domínio do princípio do prazer.

Mais tarde, Freud[32] retornaria ao princípio da sua teoria[33] ao admitir a existência de uma fantasia de

---

[32] Freud, S. "A feminilidade", conferência XXXIII de *Novas conferências introdutórias sobre psicanálise*.
[33] Freud, S. "A etiologia da histeria".

sedução que se constitui na pré-história edípica, a produzida pelos cuidados maternos ou das pessoas que cuidam do bebê. Em oposição ao papel, na primeira teoria, do pai como o sedutor, aparece a mãe (ou sua representante) como o agente da sedução. Na precisão das palavras de Freud: "Aqui, a fantasia toca o chão da realidade."[34] Os cuidados maternos com o corpo do bebê criam uma erogeneidade muito peculiar a cada mãe, estimulando de múltiplas formas e despertando as sensações de prazer em cada criança. A qualidade e a quantidade desses cuidados travados entre mãe e filho criam um sustentáculo primitivo da consciência corporal, nesse lugar em que Freud diria que se constituiria um Eu, que, antes de tudo, é um Eu corporal. Essa erogeneização do corpo do bebê é fundamental para a construção dos vínculos primários e fundantes do psiquismo. Certamente essa satisfação por parte da mãe pode ser exercida como excessiva ou faltante, o que sempre leva a diferentes marcas afetivas que incidem sobre cada sujeito. Observa-se que, seja no excesso ou na falta, as experiências de sedução materna primárias são traumáticas, o que leva a reuni-las numa única articulação: a sedução traumática.

---

[34] Freud, S. "A feminilidade", conferência XXXIII de *Novas conferências introdutórias sobre psicanálise*, p. 121.

2. OS SONHOS, TRAÇOS MNÊMICOS E A ALUCINAÇÃO. A FANTASIA INCONSCIENTE

> "O sonho é um pedaço da vida infantil que foi suplantado"
>
> (Sigmund Freud, 1900)

Analisando uma série de estudos sobre os sonhos[35] e o sono, e refletindo sobre o papel destes na sua clínica com pacientes histéricos, obsessivos, fóbicos e psicóticos, Freud elabora uma série de postulações sobre os processos oníricos.

Partindo do princípio de que a vida mental inconsciente é muito mais abrangente do que a consciência, Freud rompe com as categorias de tempo e espaço da psicologia corrente e funda um novo modelo de funcionamento psíquico. Primeiramente, explica que o funcionamento do aparelho psíquico se estrutura numa organização sensório-motora. A atividade sensória é constituída pela percepção e a motora pela consciência, atividade voluntária e expressão. No conjunto, esse

---
[35] Freud, S. *La interpretación de los sueños*.

aparelho psíquico estaria funcionando sob o primado da teoria da constância, ou seja, buscando evitar o desprazer. Suas bases se organizam dentro do modelo da atividade reflexa, em que a resposta retorna a sua fonte. Verificando se a descarga ocorreu, visando ao equilíbrio do aparelho.

Em uma extremidade do aparelho psíquico, encontra-se a base perceptiva, fundante de nossa atividade psíquica; e na outra, a base motora que expressa nossa atividade motriz. O caminho percorrido pelos processos psíquicos segue na direção da perceptual à motora. A percepção é um sistema aberto a receber as impressões sensórias e não tem condições, em si mesma, de modificá-las. O sistema perceptivo nutre a consciência com toda a gama de qualidades sensórias. Os registros da percepção são inscritos nos elementos da memória que mantêm, entre si, relações de similaridade, a partir de um primeiro registro mnêmico. A excitação que emerge da percepção deixa vários, permanentes e diferentes registros mnêmicos.

As primeiras lembranças e impressões de nossa infância encontram-se devidamente registradas nesse sistema, mas não têm acesso à consciência, pois estão inscritas no inconsciente. São essas impressões as que causam maior efeito sobre o psiquismo. Os elementos mnêmicos experimentam diversas fixações e vão se ordenando, com o tempo, com outras impressões. Há que se deixar claro que o sistema P (perceptivo) não possui capacidade para conservar qualquer alteração, não possuindo registro mnêmico algum.

Freud denomina *associação* o enlaçamento produzido entre as percepções e a memória. O caráter associativo está eminentemente relacionado aos fluxos das excitações, ora mais, ora menos resistentes, durante sua propagação entre os elementos mnêmicos. Enquanto a percepção afeta a consciência com seu fluxo sensorial constante, nossas lembranças, por outro lado, são em si inconscientes.

O sistema pré-consciente, que está mais próximo da consciência, é possuidor da instância crítica – a censura – e responsável pela atividade voluntária. Além disso, responde pelas excitações que podem alcançar a consciência por meio da *atenção*. O sistema inconsciente não tem acesso direto à consciência, a não ser por intermédio do pré-consciente, no qual sua excitação sempre sofre modificações.

Relacionando os processos oníricos com outros parciais do pensamento normal e a lembrança voluntária, Freud descreve uma formação regressiva da mente, no sentido que vai do ato complexo representativo até os materiais brutos que se encontram registrados por trás destes, em sua base. No estado de vigília, esta regressão não ultrapassa certas fronteiras mnêmicas, mantendo distância das fontes perceptivas. Nos sonhos, a representação volta a se transformar na imagem sensorial de onde teve origem.

A vida psíquica não cessa durante o sono. Na vida de vigília, a corrente excitatória está ocupada com a motilidade; durante o sono, a motilidade cessa, não produzindo impedimento à outra corrente de excitação. As vivências primitivas da infância ou as fantasias fundadas nessa etapa reaparecem com frequência, em seus fragmentos, no conteúdo do sonho. O pensamento desconectado da consciência luta para expressar seu conteúdo e emerge em imagens visuais. O sonho, segundo Freud, "pode descrever-se também como o substituto da cena infantil, alterado pela transferência ao recente".[36] Na vida de vigília percebemos mais impressões do que a consciência captura.

Sonho e desejo

O reaparecimento das cenas infantis e a razão dos conflitos intrínsecos no sonhar podem ser explicados pela função principal do sonho, que é a realização de desejos. No sonhar da criança, Freud percebia a representação dos desejos não atendidos durante o dia. No caso dos adultos há, primeiramente, uma renúncia a essa representação clara de um desejo não atendido durante o dia, em virtude dos mecanismos de defesa. Estes impedem o acesso dos desejos ao processo do

---

[36] Ibidem, pp. 239-240. Tradução do autor.

sonhar, e são provenientes do controle e do domínio da vida pulsional e da atividade do pensamento. Assim, o sonhar infantil difere do adulto. O sonhar adulto é produto de um desejo consciente ou pré-consciente capaz de despertar um desejo inconsciente que está sempre alerta, e propenso a encontrar um meio de expressão por intermédio dos impulsos que movem estes primeiros. Esses desejos inconscientes e recalcados são originários da infância, mantidos sob controle e permanecem imortais, embora afastados da consciência.

A noção de imortalidade construída por Freud encontra paralelo na lenda dos Titãs que, esmagados pelo peso das montanhas, permanecem com os membros ainda moventes por debaixo destas. Outra referência estaria nos fantasmas do mundo inferior da Odisseia, que cobravam sangue e despertavam para uma nova vida assim que o provassem.

Em 1919, Freud acrescenta à ideia de realização de desejos o que parece, em princípio, uma contradição. Os sonhos que geram aflições e reflexões dolorosas também são realizações de desejos, embora suscitem muitas dúvidas em sua compreensão. Assim, sonhos de angústia comportam a realização de um desejo recalcado submetido a uma instância do Eu, que rechaça violentamente a satisfação procurada e irrompe em angústia, levando ao despertar. Com essa análise, a realização dos desejos comporta não somente os sonhos considerados agradáveis, como também os desagradáveis. A angústia pode ser compreendida dentro do princípio da realização dos desejos.

Buscando definir sua noção de desejo, Freud introduz a dimensão do psiquismo aos primórdios da ontogênese. Trabalhando com a ideia de constância, de busca da cessação do desprazer, localiza sua origem nos primeiros momentos de vida do bebê e em sua experiência de satisfação. Inicialmente, o bebê reconhece uma excitação imposta por uma necessidade interior que busca descarregar por meio da motilidade e que pode ser designada como "alteração interna" ou "expressão emocional".[37] No entanto, essa força excitatória interna apresenta como característica um funcionamento contínuo que só pode modificar-se por meio da intervenção de outra pessoa, como um auxílio externo, produzindo a experiência de satisfação que faz cessar o estímulo interno.

Essa experiência de satisfação vivida pelo bebê constitui uma marca, um traço mnêmico da excitação produzida pela necessidade, no caso, de nutrição. Durante esta vivência, a aparição de uma percepção singular emerge com uma imagem mnêmica que, a partir de então, permanece associada ao traço mnêmico da excitação. Esse vínculo entre necessidade, percepção, satisfação e memória produz uma resposta na qual, diante de nova necessidade de satisfação, emergirá um impulso psíquico, buscando investir novamente

---

[37] Ibidem, p. 557. Tradução do autor.

na imagem mnêmica daquela percepção e produzi-la outra vez, com a finalidade de restabelecer a situação da satisfação original. Freud designa este tipo de impulso como desejo: o que está além da necessidade.

Quando esta percepção é reencontrada, pode-se dizer que se trata da realização do desejo, neste percurso que emerge da excitação produzida pela necessidade até a catexia plena da percepção. Neste estado primitivo do aparelho psíquico, o desejo termina em alucinação, cujo objetivo principal é repetir a percepção associada com a satisfação, por meio de uma identidade perceptiva. Contudo, essa resposta de satisfação com o reencontro da percepção não se mantém, em virtude das frustrantes experiências da vida, e passa a criar uma atividade secundária como forma de estabelecer uma eficácia para a finalidade de tal força psíquica, na medida em que a satisfação não sobrevém, e a necessidade persiste.

Esse processo constitui-se como atividade de pensamento cuja gênese se encontra na experiência primária de satisfação, e segue um percurso no qual constrói acessos ulteriores e indiretos que se tornaram necessários ao cumprimento da exigência da realização do desejo. Se essa atividade primária mantivesse a retenção do objeto de seu desejo, insistindo em não diferenciar o investimento interno e o externo, estaríamos diante de uma psicose alucinatória.

Os sonhos, como realizações de desejo, constituem-se como fragmentos da vida mental infantil que foi suplantada. Freud retoma a metáfora da filogênese e da ontogênese ao sugerir que as armas dos primeiros homens, tais como os arcos e as flechas, reaparecem nos brinquedos infantis.

Na medida em que a atividade do sistema inconsciente tem como único objetivo a satisfação de desejos e força caminho para chegar, por meio do pré-consciente, à consciência para então assumir o controle dos movimentos, o aparelho psíquico, visando à preservação de nossa saúde psíquica, cria a censura, como uma instância que impede que os impulsos inconscientes tenham acesso direto à motilidade. A censura surge como uma proteção e, quando não atua nesta intermediação, emerge uma regressão alucinatória própria à psicose.

Articulando a realização de desejos com o processo do sonhar, Freud destaca que, durante o sono, o controle da atividade motora tende a diminuir, assim como a censura. Afetada pelos restos diurnos que não foram descarregados durante a vida de vigília, ou por um agente surgido durante o dia que despertou um desejo inconsciente (ou por ambos), a atividade do sonhar é influenciada pela tendência dos impulsos inconscientes a ingressar na consciência. A barreira estabelecida pela censura mantém-se atenta, apesar de diminuída em sua força controladora. Os impulsos seguem dois caminhos: das cenas ou fantasias inconscientes ao pré-consciente e dos limites da censura até as percepções. No caminho do inconsciente à censura pelos processos de pensamento, o desejo, influenciado por esta última, adota uma desfiguração, uma deformação diante do que é mais recente. No caminho inverso, buscando fugir dos impedimentos impostos pela censura e pelo estado de sono, o conteúdo do processo onírico se torna perceptivo. Ao atingir este estado, atrai a atenção para si e é notado pela consciência.

Visando a operações mais finas e com maior autonomia dos signos de desprazer, torna-se necessário que o sistema pré-consciente construa qualidades próprias que atraiam a consciência. A provável estratégia é o elo estabelecido entre os processos pré-conscientes e o sistema mnêmico (não desprovido de qualidades) dos signos da linguagem. A consciência passa a possuir duas superfícies sensoriais: uma voltada para a percepção, e outra, para os processos do pensamento pré-consciente.

Por outro lado, os processos inconscientes são indestrutíveis. No inconsciente nada fica para trás nem pode ser interrompido ou esquecido, e os processos que ali se dão são caracterizados por sua forma ativa. As lembranças e as respectivas fontes inconscientes da emoção se encontram em forma latente no inconsciente e podem vir a ser revivificadas por meio de sintomas, tais como os histéricos, nos quais a descarga pode ser realizada pela via motora.

A função do pré-consciente é a de tentar controlar essa força inconsciente, visando a um destino que leve à evitação do desprazer. O sonho cumpre essa função de permitir uma certa descarga da excitação inconsciente, recolocando-a sob o controle do pré-consciente. Quando a excitação inconsciente adquire maior intensidade, o sistema pré-consciente tem de responder com uma ação mais eficaz. Isso explica a aparente contradição de que sonhos de angústia também representem realizações de desejo.

O despertar aterrorizado durante o sono tem como equivalente a mesma função de sintoma nos processos neuróticos, tal como ocorre na fobia, por exemplo. Ambos, terror noturno e sintomas fóbicos, são defesas produzidas pelo pré-consciente para suportar a intensidade dos desejos inconscientes que, no presente, liberam desprazer. Freud sustenta que a atividade inconsciente da fantasia tem uma participação significativa na formação dos pensamentos oníricos. Ou seja, a fantasia é, de certa forma, anterior ao sonho e não um produto deste.

Retomando a ideia inicial do desejo, bem como sua relação com a atividade primária de satisfação e a secundária de criar novas formas de expressão para o movimento voluntário, a fim de evitar o desprazer, Freud reafirma que a primeira busca a descarga da excitação, enquanto a segunda visa a inibir esta descarga, buscando catexizá-la com outra representação. No caso de a atividade primária de satisfação ter sido investida por estímulos perceptivos dolorosos, construir-se-á um aparato defensivo ao desprazer, resultando num abandono da imagem mnêmica dolorosa e na renúncia à percepção correspondente. Essa resposta à recordação dolorosa corresponde ao primeiro exemplo do recalque psíquico. Na vida psíquica dos adultos, a evitação do sofrimento permanece como traço dessa experiência primitiva. Aos dois processos psíquicos descritos, Freud passaria a dar o nome de processo primário e processo secundário, respectivamente.

O processo secundário está investido em representações que possam inibir o desprazer que uma ideia venha a produzir, a partir do momento em que recebe esta informação. Está investido de uma busca de identidade de pensamento e não é capaz de anular o processo primário, mas tenta submetê-lo, sempre em função da evitação do desprazer. Os pensamentos estão investidos dessas lembranças primitivas e têm a função de regular sua intensidade. Contudo, nem sempre conseguem cumprir esse objetivo de forma completa, na medida em que nosso pensar está sempre exposto à falsificação, em virtude das interferências do princípio do prazer.

Por ser, numa perspectiva ontogenética, o primeiro a se formar, o processo primário está presente desde o início da vida, enquanto o secundário vai se inscrevendo no decorrer do desenvolvimento. Os desejos inconscientes do processo primário permanecem investidos de sua tendência à descarga de excitação e à expressão motora, incluindo a fala. O processo secundário visa a inibir e a redirecionar esses conteúdos inconscientes, transformando-os, buscando harmonizá-los e direcionando-os para fins mais adequados.

O recalque, como vimos, é um produto da transformação do afeto, na medida em que os desejos originários não podem ser destruídos nem inibidos. Os impulsos de desejos sexuais de origem infantil, que sofreram recalque durante o processo de desenvolvimento, são revividos num período posterior e proporcionam as forças pulsionais para todas as formações dos sintomas psiconeuróticos. Revolucionando todo o conceito de doença psíquica, Freud constata que o funcionamento dos sonhos expõe toda a fragilidade do ser humano, no sentido em que todos estão submetidos a essa forma de funcionamento do aparelho mental. O sonho não é um produto patológico e revela a divisão do processo psíquico em todas as pessoas, desvelando seus conteúdos suprimidos. Aqui, pode ser inaugurada a concepção da universalidade da neurose e questionada a, até então, inabalável crença em uma "normalidade psíquica".

Freud encaminha suas teorias sobre o aparelho psíquico sempre lembrando serem estas uma busca para compreender seu funcionamento, e que seus pensamentos, representações e produtos psíquicos não têm localização em elementos orgânicos dentro do sistema nervoso, mas sim entre eles. Corroborando, em 1914,[38] as ideias de Du Prel, Freud vem afirmar que o psíquico e a consciência não são idênticos. O conceito de psiquismo é mais amplo que o da consciência. Diante desses pressupostos e, em especial, da ideia de que o efeito consciente é apenas uma remota repercussão

---

[38] Freud, S. *La interpretación de los sueños*, pp. 599-600.

psíquica do processo inconsciente – e que este último se acha sempre presente e funcionando, de forma a não ser conhecido pela consciência, Freud define:

> O inconsciente é o psíquico verdadeiramente real, e nos é tão desconhecido em sua natureza interna como o real do mundo exterior; e nos é apresentado pelos dados da consciência de forma tão incompleta como é o mundo exterior pelas comunicações de nossos órgãos dos sentidos.[39]

Com esta formulação, Freud estabelece a existência de uma realidade psíquica inconsciente. Aquilo que até então produzia espanto nos sonhos passa a ser compreendido como operações de fantasias inconscientes, provavelmente de origem sexual, e que encontram correlatos nas fobias histéricas e em outros sintomas.

A existência de duas espécies de inconsciente é assim definida: a) um inconsciente que é inadmissível à consciência e; b) outro chamado de pré-consciente, cujas excitações são capazes de atingir a consciência. O sistema pré-consciente situa-se como uma tela entre o sistema inconsciente e a consciência. A consciência, pois, para Freud, ocupa um lugar menor, ou seja, "apenas o de um órgão sensorial para a percepção das qualidades psíquicas".[40]

---

[39] Ibidem, p. 600. Tradução do autor.
[40] Ibidem.

Freud apresenta a ideia de uma fantasia que irrompe na consciência, de uma forma inocente, por ter conseguido lograr a censura no pré-consciente. Seriam as situações em que os indivíduos relatam queixas explícitas – para quem os ouve – em seu conteúdo sexual, mas das quais eles mesmos não se dão conta. Se assim o fizessem, talvez não as pronunciassem. Nesse sentido, a fantasia volta a expressar sempre uma referência a um conteúdo sexual, e uma pergunta se impõe: "Por acaso os impulsos inconscientes que o sonho manifesta não possuem o valor de forças reais na vida psíquica?"[41]

Quanto ao conteúdo ético dos sonhos e sua relação com a fantasia, Freud afirma que, quanto mais e melhor for esclarecida a relação entre o inconsciente e a consciência, mais pueris parecerão os motivos que nos levam a considerá-los eticamente objetáveis e imorais. Em relação à previsibilidade dos sonhos, há que se retomar a premissa da realização de desejos. Nesse sentido, desejar aponta para algo no futuro; contudo, o sujeito trabalha com uma estratégia apreendida pelo conhecimento do passado. A análise dos sonhos revela as fantasias de desejo que apontam para repetições e versões das cenas infantis.

A função do simbolismo nos sonhos merece uma breve análise a partir de contribuições feitas posteriormente. De um rechaço inicial até a aceitação de que certos símbolos oníricos podem ser considerados como

---

[41] Ibidem, p. 607.

universais – símbolos das coisas que representam ou substituem –, Freud revê essa forma de linguagem, atento, porém, para não cair na interpretação dos símbolos dos povos da Antiguidade. Em princípio, aqueles que sonham não se dão conta de tal simbolismo particular, o que mantém o caráter enigmático do sonho. Contudo, Freud reconhece em alguns símbolos um significado universalmente unívoco, tais como rei e rainha para pai e mãe, objetos pontiagudos para o órgão genital masculino e caixas e armários para o útero. Mas todos esses símbolos têm que ser interpretados dentro de cada contexto. O simbolismo onírico se manifesta para além do sonho, na medida em que influencia a representação nos contos de fadas, mitos, lendas, chistes e no folclore.

O conjunto de ideias que se conflitam nos processos psíquicos – conjunto primeiramente chamado de círculo de pensamento – passa, por influência de Jung a partir de 1906, a ser denominado de "complexo". Esse termo será utilizado até o fim da obra de Freud, mas a noção de complexo como um conjunto de ideias e afetos que entram em conflito no psiquismo não parece ter sido sempre compreendida dessa forma. Sob essa dimensão dos complexos, Freud reafirma a tendência do pensamento consciente a interpretar como estranhas e opositoras as ideias inconscientes. E reconhece que um Eu da consciência desconhece o Eu inconsciente. O substrato dessas lembranças/ideias conscientes e inconscientes já poderia ser compreendido como uma das funções da fantasia.

Fantasia, pensamentos oníricos e sonho

Os processos oníricos e o sonhar são formas especiais de imaginação. Contudo, ambos se diferenciam pelo fato de os primeiros estarem submetidos ao processo primário, enquanto o sonhar já se trata de uma elaboração secundária. Sob o primado da segunda tópica, Freud[42] define "elaboração onírica" como o resultado da pressão exercida pelos conteúdos inconscientes do Id, que, forçando uma passagem até o Eu, constituem-se como pré-conscientes. Diante da barreira imposta pelo Eu, esse material transforma-se na tão comum e universal deformação onírica.

A memória dos sonhos possui uma dimensão muito maior do que a vida de vigília, utilizando-se de uma série de elementos linguísticos em grande parte desconhecidos de quem sonha, tais como resíduos de estágios muito primitivos da infância. Os sonhos trazem lembranças que foram esquecidas ou recalcadas e, mais ainda, o material oriundo de uma herança arcaica, "antes de qualquer experiência própria, influenciada pelas experiências de seus antepassados".[43] Os sonhos representam, assim, um resíduo da pré-história do homem, tal como as lendas e os costumes sobrevivem na filogênese.

---
[42] Freud, S. *Esboço de psicanálise*, pp. 191-192.
[43] Ibidem, p. 165.

3. A FANTASIA NAS LEMBRANÇAS, NA REPETIÇÃO E NA CRIAÇÃO

"O psiconeurótico fantasia o que o perverso realiza."

(Sigmund Freud, 1905)

O termo "lembranças encobridoras" é constituído por Freud[44] para compreender a relação entre as lembranças que os adultos têm da própria infância e as vivências e impressões primitivas mais significativas e plenas de afeto a elas associadas. Essas lembranças indiferentes, como um dos processos de deslocamento, representam, por meio de associação, outro conteúdo que é impedido de se manifestar ou de ser lembrado devido ao processo de recalque. Como o funcionamento da memória é submetido não somente aos processos conscientes, mas também aos inconscientes, muitos traços mnêmicos podem estar relacionados a essas lembranças encobridoras, ocultando outro conteúdo mnêmico submetido a resistências. Em síntese, a lembrança evocada de um evento de forte conteúdo afetivo da infância pode, em

---

[44] Freud, S. "Lembranças encobridoras".

função da resistência imposta a essa lembrança originária, sofrer deslocamento por associação, gerando uma nova lembrança, modificada e de aspecto indiferente, que persiste nessa outra memória. Duas memórias podem ser descritas: a das impressões primitivas e a das lembranças a elas relacionadas, e distorcidas em sua representação por meio da ação do recalque.

Freud se depara com o enigma das complexas funções da memória de "esquecer" e de "reter" e considera que ambas se referem a uma falha no processo de recordar e, por mais paradoxal que pareça, encontram-se interligadas. Na medida em que a memória deveria cumprir sua função de lembrar o que foi experienciado, ela reproduz outra lembrança, substituta da primeira.

A introdução das "lembranças encobridoras" na dinâmica psicanalítica possibilita investigar um dos mais importantes enigmas do psiquismo humano: o esquecimento que os adultos têm de sua própria infância. A suposição de que as experiências vivenciadas nos primórdios da infância não possuem registros mnêmicos reais e efetivos, e só podem ser significadas em elaborações posteriores, abre um caminho para articular a relação da memória com os processos primários e secundários. As chamadas "lembranças encobridoras" passam a ser equivalentes às próprias recordações da infância, na medida em que se trata daquilo que é possível lembrar. Freud estende essa analogia ontogenética às lembranças da infância dos povos, passíveis de serem compreendidas em suas sagas, lendas e mitos. Essa perspectiva aproxima a ontogênese da filogênese. Os primeiros traços mnêmicos da experiência infantil não desaparecem. Contudo, só podem ser elaborados a *posteriori* por meio da linguagem, em função das exigências das forças psíquicas posteriores.

Os contos de fadas que tanto afetam as crianças são também compreendidos como "lembranças encobridoras", e esse vínculo tão estreito entre experiência vivida e simbolismo literário fica bem patente na observação do comportamento infantil diante desses textos. Há uma luta pelo significado de tais roteiros; se alterados pelo adulto numa contação de histórias, por exemplo, geram muita angústia e resistência por parte das crianças. O mesmo acontece com um grupo de pessoas que compartilham uma mesma crença religiosa e que se indignam diante de questionamentos e mudanças na leitura dos seus mitos da criação do mundo. A arte, o psiquismo individual e o coletivo estão muito mais próximos do que se supõe, e o elo que os une é a fantasia.

Freud sinaliza que o esquecimento está ligado a uma função de desprazer. Esquece-se, porque a lembrança nos causa desprazer. Os afetos podem estar ligados à memória, provocando situações de desprazer. Há uma analogia com a fisiologia neste caso, quando Freud relaciona o empenho defensivo de esquecer e de evitar o desprazer com uma manifestação do reflexo de fuga em presença de estímulos que provoquem dor. Em seu artigo sobre a Gradiva de Jensen[45] declara que ninguém esquece algo sem um motivo oculto.

O valor das lembranças encobridoras retorna ao longo da obra freudiana, com a perspectiva de não representar somente algo que foi esquecido, mas sim a totalidade do que é essencial. Repensando a origem de marcas inscritas em momentos muito precoces da vida, Freud[46] se encontra diante do desafio de decifrá-las. E esse se constitui como um dos enigmas fundamentais da psicanálise, em toda a sua dimensão clínica. Como elaborar esses traços mnêmicos traumáticos experienciados em momentos muito primitivos da história de um indivíduo, traços estes que não têm acesso à representação? Um dos caminhos indica que essas recordações reprimidas, quando não elaboradas, tendem a se repetir em atos. O outro se dirige no sentido de compreender os mistérios das fantasias originárias.[47]

Com relação à tendência a repetir em atos (atuação/ *acting out*) o que não pode ser elaborado, compreende-se que estas recordações são de tal forma reprimidas que geram uma tendência a constituir-se como uma compulsão à repetição. O indivíduo repete aquilo que foi marcado como uma experiência de sua história, na qual se manteve fixado e da qual não tem consciência. E essa

---
[45] Freud, S. "Delírios e Sonhos na Gradiva de Jensen".
[46] Freud, S. "Recordar, repetir e reelaborar". In: *Novas recomendações sobre a técnica da psicanálise*, II.
[47] Freud, S. "História de uma neurose infantil".

compulsão à repetição é a forma pela qual o indivíduo é capaz de recordar. Recorda ao repetir. Repetição inconsciente, marcada e expressa regularmente na atitude cotidiana para com certas situações de vida. O sujeito repete aquilo de que não é capaz de se dar conta. Atitudes expressas por ele próprio, que gera respostas do mundo quase previsíveis e recorrentes, o que faz com que, na grande maioria das vezes, o sujeito atribua ao mundo externo aquilo que ele próprio incentiva, inconscientemente. E quanto maior a resistência, interna ou externa, mais intensamente a atuação substituirá o recordar.

Durante a análise, o indivíduo tende a repetir seus sintomas, e o analista deve compreender que nesta repetição está implicitamente presente sua forma de recordar, de trazer à tona as lembranças submetidas às resistências. Torna-se uma das funções do analista ser capaz de observar e interpretar, de forma gradual, essas manifestações que o indivíduo produz diante do mundo e na análise sob transferência. Ajudá-lo a compreender que o faz, mesmo sem sabê-lo conscientemente, é um dos primeiros caminhos para romper as barreiras da resistência e buscar uma retificação, de modo que o indivíduo possa se ver implicado nos atos que repete em suas relações.

A fantasia se coloca de forma ampla sob a condição de repetição. Primeiramente, como fantasia inconsciente, constituída em formas de agir que tendem a colocar em atos situações experimentadas na infância e submetidas ao recalque. Segundo, como fantasia projetada para o ambiente, que parece aos olhos do indivíduo reagir sempre da mesma forma, sem que ele perceba que as reações são resultantes de suas próprias ações. Fantasia que se dirige também ao próprio analista, sob a forma de transferência, tentando repetir e encontrar na análise as mesmas reações geradas por suas atitudes. Para o analista, uma das grandes artes de sua técnica está em ser capaz de acolher essa fantasia dirigida a si e ir se deslocando gradualmente deste lugar outorgado pelo indivíduo. Deste modo, o analista possibilita ao sujeito desvelar e abandonar, apesar das resistências, suas fantasias tão assertivas e confirmatórias de uma realidade psíquica imposta pela sua história, como determinante único de seu destino e de seu Eu. Considera-se esse o maior desafio do analista: desconstruir o sintoma em busca de novas formas criativas do exercício do Eu. Traduzindo-se em termos de fantasia, trata-se de desfazer uma crença de si e do mundo para construir outra, sempre de acordo com o princípio da realização de desejo, do qual não se pode escapar. Enfim, se trata de trocar uma fantasia mais repressora por outras que permitam ao sujeito expressar de forma mais abrangente seus afetos e sua forma de estar no mundo. A fantasia que reprime pode se transformar em sublimação criativa.

O analista não deve focalizar essas repetições somente como processos vinculados ao passado, mas sim como forças atuantes na vida presente do indivíduo e sobre as quais é preciso agir para modificá-las, na medida em que o sofrimento é uma experiência real vivida em tempo presente. Porém, o trabalho psicanalítico começa a demonstrar que algumas compulsões à repetição apresentam barreiras intensas, em que os indivíduos resistem obstinadamente a abrir mão dos seus sintomas. Diante de tal dificuldade no caminho clínico, Freud inclui uma nova origem a essas repetições, para além das lembranças encobridoras. Esta se constitui numa compulsão à repetição independente, uma pulsão paralela a Eros, baseada no princípio de inércia: a pulsão de morte.

Dora, fantasias e transferência

No artigo da análise de Dora, Freud reafirma a concepção de que o sonho é um dos desvios pelos quais o recalque pode ser evitado, tratando-se de um dos principais recursos da chamada "figuração indireta no interior do psiquismo".[48] Durante a descrição do caso, Freud chama a atenção para um mecanismo psíquico que ele tem dificuldade de elucidar e que é muito importante para o estudo das neuroses. Trata-se da inversão de afeto, ou seja, de como é que o prazer se transforma em desprazer.

Outra pergunta sobre a histeria, que se estende à análise da relação entre o somático e o psíquico,

---

[48] Freud, S. "Fragmento de análisis de un caso de histeria", p. 15. Tradução do autor.

refere-se à questão da origem dos sintomas entre esses dois polos. Freud responde que "até onde lhe é possível ver"[49] há uma participação solidária de ambos na origem dos sintomas. A submissão somática que se expressa corporalmente (ou relacionada ao corpo) pode estar vinculada a processos normais ou patológicos. Quando o paciente repete o mesmo sintoma que se expressa por uma conversão corporal, encontra-se um quadro de histeria. Esse mecanismo de repetição requer uma intencionalidade psíquica inconsciente, um sentido que é emprestado ao sintoma histérico, que busca expressar-se por essa via em virtude do recalque.

Na sequência, Freud estabelece a relação da doença com seus ganhos primários e secundários, ao que ele daria o nome de fuga para a doença. Algumas doenças são dirigidas a uma pessoa específica e desaparecem quando esta se afasta. São resultados da intenção, muito comum, de as crianças adoecerem para ganhar o afeto e a atenção de seus pais.

Apesar de já ter colocado a questão da etiologia sexual nos sintomas histéricos, Freud pela primeira vez formula – como universal – que um sintoma é a representação, a realização de uma fantasia de conteúdo sexual. Retifica-se, logo após, ao ressaltar que "melhor dizendo, pelo menos um dos significados de um sintoma corresponde à representação de uma fan-

---

[49] Ibidem, p. 37.

tasia sexual, enquanto que os outros significados não estão submetidos a essa restrição em seu conteúdo!"[50]

Afetado por seus estudos sobre a sexualidade infantil, Freud começa a reconhecer a importância da cultura na constituição das neuroses e perversões e, com essa compreensão, passa a desvendar um dos mais importantes enigmas da constituição do psiquismo. Em princípio, analisa a contextualização dos sintomas de acordo com cada período sócio-histórico. Por exemplo, o que para a sociedade vienense era considerado perversão – tal qual o amor sexual entre os homens – em outras culturas, como a grega, que, segundo seu julgamento, era muito superior, era não só cultivado como considerado "digno de importantes funções sociais".[51]

Em seguida, Freud estabelece o conceito de perversão como não equivalente ao sentido patético de "bestialidades" e "degenerações",[52] mas sim ao caráter transgressivo de certas condutas da função sexual em relação ao próprio corpo e ao objeto sexual. Subvertendo a noção da natureza da sexualidade e sua expressão na vida adulta, Freud afirma que, em sua origem, aquilo que chama de perversões é a expressão da disposição sexual indiferenciada das crianças. Diante do sufocamento dessas forças pode emergir um

---
[50] Ibidem, p. 42.
[51] Ibidem, p. 45.
[52] Ibidem.

redirecionamento para metas não sexuais por meio da sublimação, produzindo atividades culturais. O desenvolvimento da criança parece ter de seguir um rumo visando à inibição dessas disposições – o que, no caso de não ocorrer, revela o caráter perverso do psiquismo em sua forma ulterior. Ou seja, ninguém se torna perverso; continua a sê-lo.

Os psiconeuróticos são aqueles cujo recalque incide sobre essas forças primárias, tornando-as inconscientes durante o desenvolvimento. As inclinações perversas estão presentes na base do psiquismo e constituem-se como fantasias inconscientes na formação das psiconeuroses. O psiconeurótico fantasia o que o perverso realiza. Assim, compreende-se que a psiconeurose é o negativo da perversão. Por esse motivo, o "não" não existe no inconsciente, ele é um produto do recalque.

Nas fantasias e nos sintomas histéricos não é necessário que os diferentes significados dos sintomas sejam compatíveis entre si e se organizem num todo articulado; basta que este todo seja constituído pelo tema que deu origem a essas fantasias. Freud relata que os sintomas de Dora se organizavam em torno, inicialmente, de uma fantasia de vingança, e, em segundo lugar, sobre uma fantasia de defloração. Ambas emergem nos sonhos mas, como foi citado anteriormente, as fantasias não se complementam; há elementos de origem sexual presentes nelas, o que as torna envoltas por um tema comum. Mais adiante, Freud relata uma terceira fantasia, a da espera de um noivo. E assim segue descrevendo as fantasias de Dora, algumas como complexos que reúnem uma série de outras fantasias produzidas diante da frustração e do fracasso de certos desejos. Um ataque histérico como uma suposta crise de apendicite de Dora leva Freud a perceber que se trata de uma *fantasia de parto*, reforçando a teoria de que muitos dos sintomas histéricos, ao atingirem seu maior grau de desenvolvimento, podem representar uma situação fantasiada da vida sexual, tal como uma cena de comércio sexual, gravidez, parto etc.

O fim da análise com Dora se efetua por meio de uma interrupção que parte da própria jovem, quando Freud insistira em interpretar seus sintomas como um afeto não correspondido pelo Sr. K. A primeira interpretação de Freud assinala que um psicanalista que "evoca os mais malignos demônios, apenas contidos, que habitam o peito humano, e os combate, tem que estar preparado para a eventualidade de não sair incólume desta luta".[53] A segunda interpretação afirma que os neuróticos, quando se veem frente a uma realização de intenso desejo, buscam evitá-lo. Diante da realidade, se protegem sob o manto da fantasia, o que se pode interpretar como uma defesa contra a insuportabilidade do desejo. Os neuróticos são domi-

---

[53] Freud, S. "Fragmento de análisis de un caso de histeria", p. 96. Tradução do autor.

nados pela oposição entre a realidade e a fantasia, e a incapacidade para cumprir a demanda real de amor é um dos traços de caráter mais essenciais da neurose.

No epílogo do artigo, Freud retoma as questões ligadas à interrupção do tratamento de Dora e se dá conta de que o amor de Dora não era dirigido ao Sr. K, mas sim à Sra. K. Ele não pôde perceber isso antes porque não tinha ainda estabelecido a importância da corrente homossexual nos neuróticos. Essa ignorância havia provocado algumas interrupções também de outros pacientes. No caso de Dora, ao insistir no amor pelo Sr. K, Freud reforçou o que seria um aspecto da resistência do analista.

Sobre a transferência, Freud assinala alguns de seus fundamentos mais importantes neste caso clínico. Em princípio, descreve-a como recriação das moções (impulsos) e fantasias que, à medida que avança a análise, vão despertando e se tornando conscientes. O característico é a substituição de uma pessoa anterior pelo analista, de modo que uma série de vivências psíquicas anteriores não são revividas como algo do passado, mas sim vinculadas à pessoa do analista no momento do tratamento.

A transferência deve ser descoberta pelo analista com as poucas pistas oferecidas pelo paciente e deve-se ter cuidado para não interpretá-las prematuramente. A cura psicanalítica não cria a transferência, apenas a revela, da mesma forma como faz com outros conteúdos ocultos do psiquismo. Na análise, todos os impulsos são despertados, desde os ternos e amistosos até os hostis. Tornar conscientes estes impulsos transferenciais é objetivo da psicanálise. Longe de ser um obstáculo, a transferência torna-se o mais poderoso aliado do analista. Quando não consegue expressar suas fantasias e lembranças no tratamento, o paciente acaba *atuando*, ou seja, transformando em ato o que está na fantasia. Ao final, com a interrupção do tratamento por parte de Dora e a elaboração posterior de Freud, constata-se o quanto foi fundamental para o futuro da psicanálise a compreensão da dinâmica da transferência.

Fantasia, criação e delírio

O lugar da psicanálise na ciência é uma questão relevante nos textos de Freud, que reflete constantemente sobre o que as aproxima e as distancia.[54] Em princípio, a psicanálise retoma o conhecimento dos povos primitivos acerca da crença na significação dos sonhos, à qual a ciência se opõe. Freud rechaça a ideia de que os sonhos sejam somente um produto de nosso mecanismo fisiológico, opondo-se a grande parte da ciência, que afirma que os sonhos não são um produto do psiquismo, nem têm significado próprio.

A concepção dos antigos de que poderíamos prever o futuro é rechaçada por Freud, dentro do contexto da

---

[54] Freud, S. "Delírios e sonhos na Gradiva de Jensen".

interpretação simbólica. Por outro lado, essa ideia traz implícita a importância de um dos pontos principais da teoria freudiana dos sonhos – o de que, sob certo aspecto, o sonho pode vir a ser um guia do futuro, na medida em que se trata da realização de um desejo, da busca de algo que se quer obter num plano futuro.

Em princípio, Freud questiona o livre-arbítrio, na medida em que considera que muitas de nossas decisões são submetidas ao inconsciente, quiçá a sua totalidade. Muito daquilo que denominamos acaso e que consideramos como mera casualidade do destino está, muitas vezes, regulado por leis que nossa consciência desconhece. O uso do termo fantasia pode ser emprestado a muitas soluções para a complexidade e os desafios que nos impõe o psiquismo. Freud estabelece uma diferenciação entre a memória e o recalque, demonstrando que o que é recalcado não desaparece da memória. Contudo, esse conteúdo não pode ter acesso irrestrito à consciência, em virtude das imposições dos motivos que geraram o recalque, geralmente de cunho erótico. Entretanto, a pressão do que é recalcado retorna com toda a sua força quando algum elemento externo assim o provoca, mesmo que inconscientemente e, muitas vezes, revestido de outra forma, numa outra linguagem, que não a original. Enfim, o que foi recalcado retorna, emergindo da própria força repressora – sendo que uma dessas formas, se pode concluir, é por meio da fantasia. A fantasia cumpre a função de dar um sentido, mesmo que submetido ao recalque, ao conteúdo latente não consciente. Trata-se de um substituto, uma saída, um caminho para essas forças recalcadas. Um dos produtos culturais que Freud destaca, para defender a ideia da relação do sonho com conteúdos inconscientes, são as construções produzidas pelo que ele chama de escritores criativos.

Quando aborda a produção de "escritores criativos", Freud expressa que esses autores se situam à frente da ciência. Em outras palavras, antecipam, na arte poética, aquilo que vai ser compreendido pela ciência. Neste contexto, fantasia é um sinônimo de criação. Ela retrata a capacidade do autor de, mesmo sem ter consciência disso, refletir sobre elementos da realidade. Realidade inconsciente. Mesmo que o escritor determine que se trate de fantasia, lá estão presentes, em cada um dos personagens e no enredo, as leis, as marcas da história inconsciente daquilo de que se constitui o psiquismo humano.

E o acaso, esse acontecimento que nos parece tão inexplicável, pode muitas vezes ser produto deste saber inconsciente, donde aponta que "a fuga é o instrumento mais seguro para se cair prisioneiro daquilo que se deseja evitar".[55] Em função dessas relações estabelecidas entre o saber inconsciente e os eventos externos, o vínculo entre a fantasia e a realidade passa a ser estreitamente próximo. Mas como prová-lo pelos

---
[55] Ibidem, p. 48.

caminhos da ciência, que não aceita as provas subjetivas da existência desse inconsciente? Freud sugere que o psicanalista não ignore os caminhos criativos trilhados pelo escritor, na medida em que estes podem guiá-lo a compreender o que parece ser incompreensível. Antecipa-se, neste ponto, o poder que a criação subjetiva exerce na direção da elaboração dos conflitos por meio da arte, inclusive nos delírios.

Freud esboça na teoria pontos de contato importantes entre fantasia e delírio. A fantasia ocupa toda a primazia psíquica tanto de indivíduos quanto de grupos, governando as ações e se constituindo como uma modalidade de crença. As crenças, não se pode deixar de registrar, fazem parte de todo o arcabouço mitológico, religioso, ideológico e político com o qual se constituem os humanos em seus grupos. Pode-se dizer que as crenças fazem parte de um delírio coletivo, socialmente aceitável. Quando radicalizado, esse delírio pode chegar aos fundamentalismos que cumprem o supremo objetivo de afirmar sua verdade como universal e único caminho para o exercício existencial da experiência humana, nem que seja necessário negar todas as diferenças para se afirmar como tal. Nesse sentido, os delírios socialmente aceitáveis se diferenciam dos delírios individuais pelo fato de que os segundos não se tornam coletivos.

Mais além, Freud retoma esse aspecto da religião, restabelecendo uma conexão entre a neurose obsessiva e as crenças religiosas. Inicialmente, analisa o papel da compulsão nos atos obsessivos que o indivíduo realiza sem entender seu sentido principal, que é inconsciente. Estabelece uma analogia entre os atos obsessivos individuais e os atos cerimoniais e ritualísticos que os indivíduos exercitam nas práticas religiosas, por vezes cientes de seu conteúdo simbólico – no caso dos sacerdotes –, e, em outras, realizando tais atos sem ascender ao significado simbólico e consciente do mesmo. Mesmo que o sujeito ascenda ao conteúdo simbólico ritualístico, no entanto, as intenções inconscientes subjacentes aos rituais permanecem desconhecidas. Tal como ocorre em várias partes de sua obra, Freud aproxima os processos mentais individuais dos processos mentais coletivos, sociais.

A noção de sentimento inconsciente de culpa emerge nesse texto para explicar a motivação que domina o indivíduo, provocando compulsões e proibições. O inconsciente diz respeito, mais uma vez, ao fato de o indivíduo não ter consciência de por que deve praticar tais atos. Entretanto, diante da sua percepção interna da tentação de realizar o proibido, surge o medo da punição, gerando angústia. Para evitar o desprazer causado por esta última, o indivíduo cria seus cerimoniais como uma defesa, uma proteção transformada em atos. Como essa pulsão inconsciente não cessa de insistir, o indivíduo se vê repetidamente diante de possíveis fracassos. Em função desses fracassos, seus atos defensivos têm de se manter cada vez mais reforçados e, assim, ele os repete incessantemente.

Em seu sentido social, a formação da religião tem como base o recalque das moções pulsionais por meio da renúncia. Não se pode definir essas moções reprimidas como de caráter eminentemente sexual, pelo menos a princípio. Tais interdições tendem a estabelecer limites para pulsões egoístas que possam prejudicar a sociedade, mas, no fim, trata-se de moções da ordem da sexualidade. Os cerimoniais religiosos funcionam de forma a autorizar atos que até então estavam interditos e encontram permissão para poder ser realizados, por um lado – tal como um casamento autoriza a prática das relações sexuais –, ou, de outro, criam mecanismos de penitência e expiação dos pecados, por meio de orações e outras formas da libertação da culpa. Articulando os sintomas neuróticos com seus correlatos sociais, Freud "concebe a neurose obsessiva como um correspondente patológico da formação da religião, qualificando a neurose como uma religiosidade individual, e a religião, como uma neurose obsessiva universal".[56]

O inconsciente não pode ser reduzido, exclusivamente, a um produto do recalque, e a obra freudiana vai demonstrar, a partir de 1915, que nem tudo que é inconsciente é recalcado. Em outras palavras, emerge um inconsciente que é anterior ao recalque. Na ligação entre as forças psíquicas e os afetos, e em sua relação

---

[56] Freud, S. "Acciones obsesivas y prácticas religiosas", p. 109. Tradução do autor.

com o recalque, destaca-se que o recalque das ideias ocorre em virtude do recalque dos afetos a elas associados, e que devem ser evitados. Os afetos recalcados somente são perceptíveis por meio das associações com as ideias. E como ficam os conteúdos inconscientes destituídos da linguagem? Essa questão será mais bem esclarecida na segunda tópica freudiana.

Sobre a relação entre fantasia e ciência, Freud postula certa ignorância da ciência em não reconhecer os processos inconscientes, e, nesse sentido, quem ocupa o seu lugar é o escritor criativo. Freud chega mesmo a afirmar que "é a ciência que não resiste à criação do autor".[57] Na criação literária dos escritores, observa-se que estes últimos a produzem como um conhecimento e que não têm consciência das leis e dos propósitos do inconsciente que regem suas produções. A criação é um produto transformado em arte, a partir daquilo que o autor vislumbra em sua própria alma, observando suas possibilidades de desenvolvimento, permitindo-se a livre expressão sem submetê-la a um sufocamento por uma crítica consciente.

Em oposição ao psicanalista, que foca sua atenção nos processos mentais alterados nos outros e em seus pacientes, o escritor se ocupa da criação daquilo que o psicanalista só pode observar indiretamente, em especial as leis que regem o inconsciente. Nesse sentido

---

[57] Freud, S. "Delírios e sonhos na Gradiva de Jensen", p. 59.

é que o escritor pode antecipar a ciência, pois as fantasias que sustentam a criação e os pensamentos não convencionais também são regidas por leis. A arte surge como uma oposição à consciência crítica, e a fantasia, nesse sentido, deve ser tratada como conhecimento.

Ao relacionar fantasias com os recalques, Freud explica que as primeiras são precursoras dos delírios. Em sua origem e natureza, as fantasias são substitutos e rebentos de lembranças recalcadas que não conseguem atingir a consciência de forma inalterada devido a uma resistência, mas que são passíveis de se tornar conscientes ao se levar em consideração, por meio de alterações e desfigurações, a censura da resistência. Uma vez consumado esse compromisso, essas recordações recalcadas se transformam em fantasias, sobre as quais a pessoa consciente incorre com facilidade em um mal-entendido, isto é, pode compreendê-las no sentido da corrente psíquica dominante.

Refletindo sobre a fonte dos sonhos e dos delírios, Freud afirma que ambos se originam do recalque e que "os sonhos são os delírios, por assim dizer, fisiológicos das pessoas normais".[58] Outro adendo muito importante a respeito da fantasia diz respeito a situações da vida cotidiana, por exemplo, quando se observam indivíduos muito pressionados pelos impulsos das moções afetivas – de forte intensidade – que exigem satisfação.

---
[58] Ibidem, p. 68.

Nestes casos, a razão é capaz de aceitar ideias absurdas, que escapem ao domínio da lógica racional, fazendo com que os sujeitos ajam quase que como portadores de uma debilidade mental.

A sustentação da ideia da existência de fantasmas, espíritos e almas que retornam, tão presente nas religiões, afeta boa parte das vivências na infância, e muitas vezes convive num paradoxo entre a racionalidade e as crenças religiosas. E aqueles que vivenciam fortes impactos emocionais não raro retornam a crer na existência desses espíritos, mesmo se na vida consciente sejam pessoas céticas e extremamente racionais. O delírio não é uma farsa, uma mentira. Trata-se de uma produção apoiada na verdade de cada indivíduo e na sua inabalável convicção de fé. Retomando a discussão sobre a crença, podemos encontrar como suas características principais as motivações inconscientes, a certeza e a fé no que afirma e, nesse sentido, há uma parcela de verdade inconsciente em cada um dos grupos que exercem suas crenças, por meio das identificações. O delírio sempre triunfa a cada novo conflito entre o erotismo e a resistência.

Sobre a relação entre corpo e conhecimento, Freud retoma a questão da sexualidade infantil, que, embora recalcada por grande parte dos adultos, insiste no esforço das crianças em compreender aquilo que sentem e percebem no seu corpo e no dos outros. A criança sente prazer nos órgãos que não são necessariamente os de reprodução, mas sim nas fontes corporais descritas por

Freud em sua concepção ampla de sexualidade, que se estende para além dos genitais. A criança, na ignorância sobre a origem dos bebês e da diferença sexual, por exemplo, tem que formular teorias para dar conta dessa compreensão do funcionamento biológico, de modo a organizar seu Eu. No esclarecimento que o adulto faz à criança, sempre há algo não dito que se supõe que a criança não esteja interessada em conhecer ou preparada para ouvir. Entretanto, entende-se que não se trata somente de uma questão de cunho educacional, pois as questões do prazer e do amor são as de elaboração mais difícil para o próprio adulto (pais, familiares, professores etc.) e assim tornam-se confusas, veladas, truncadas e ambivalentes na transmissão para as crianças, mesmo que inconscientemente. Afora isso, há a moral sexual apontada por Freud, que – embora seja negada por muitos profissionais na contemporaneidade – mantém-se presente sob formas muito diversas da que vigorava na Viena do fim do século XIX e início do século XX, exercendo sua função de controle e domínio social por meio do recalque da sexualidade. Há, ainda, uma moral repressiva muito acentuada em diversas comunidades fundamentalistas mundo afora, além das ideologias socioeconômicas dominantes nas sociedades ultracompetitivas, nas quais a constituição das identificações visa a exacerbar os individualismos narcísicos, tensionando e dissociando de forma mais profunda e contundente a relação entre afeto e sexualidade.

As fantasias infantis constituem-se, portanto, a partir da elaboração possível com os elementos fornecidos por sua própria investigação da natureza de seu corpo e das informações vindas do mundo exterior, do qual a criança tem que dar conta na compreensão de si e do mundo. E, na maioria das vezes, a criança elabora psiquicamente o que sente com a linguagem acessível a ela. Este é um terreno fértil para a construção das fantasias infantis sobre a origem da vida, a diferença sexual e a capacidade de amar. Vale lembrar que, embora possa ter informações a respeito, ainda é distante da criança uma compreensão vivenciada do funcionamento de uma vida sexual adulta, na medida em que suas funções sexuais secundárias ainda não foram desenvolvidas. Esse tema do surgimento da fantasia como compreensão de uma realidade cuja experiência não acompanha a informação é de uma importância que extrapola, em muito, as fantasias infantis, conscientes ou não.

A fantasia, o artista e a introversão

Seguindo o rastro do artista ao conseguir driblar a realidade sem perder o sentimento de satisfação, Freud[59] vai descrever uma introversão como um ca-

---

[59] Freud, S. "Os caminhos da formação dos sintomas", conferência XXIII de *Conferências introdutórias sobre a psicanálise*.

minho regressivo que o indivíduo encontra ao se deparar com os impedimentos ao seu prazer; como um produto concebido sob uma perspectiva dinâmica da libido, na qual a fuga da realidade busca retornar ao ponto de fixação inconsciente, inscrito pelo prazer e revestido pela fantasia. Entretanto, a vida de fantasia é compartilhada pelo artista ou por outros membros da humanidade como algo que se tem em comum, pois se trata de um material primitivo, constituinte do psiquismo dos indivíduos. O artista possui uma certa licenciosidade para expressá-lo, de acordo com normas sociais implícitas, na medida em que a arte pode produzir satisfação nos outros indivíduos, quando se deparam com o mesmo conteúdo presente em seu inconsciente e que não tem acesso à representação. A repressão impele essas fantasias dos indivíduos para o campo dos devaneios, no qual é permitido encenar experiências de satisfação e desejos. Já o artista tem a possibilidade de instaurar as fantasias na concretização da obra de arte.

Fantasia como atividade psíquica: criação e arte

Fantasias e sintomas são criações singulares dentro de um universal colocado pelos esquemas das fantasias primordiais e por aquelas que escapam ao estatuto da neurose. O sintoma é uma criação quando colocado sob a forma de fantasia em cena ou nas fantasias que cercam a dúvida. Há de haver um autor para construir esses sintomas, mesmo que se considerem precárias as condições impostas ao sujeito, ou mesmo que não se veja qualquer ato criativo nessas fantasias. Cada sujeito traz consigo um saber do qual não tem conhecimento, ou seja, ele não sabe que sabe.

Os caminhos da criação não podem ser reduzidos aos trabalhos dos grandes artistas, embora se reconheça neles a capacidade de reenviar ao público, por meio da arte, o que há de mais profundo e inconsciente no psiquismo humano. Quantos tratados e artigos seriam necessários para traduzir o impacto causado por Fernando Pessoa ao descrever os vários Eus que nos povoam, tanto em seus poemas quanto no exercício da sua heteronomia; ou mesmo a poesia de Chico Buarque de Hollanda ao descrever: "O que será que me dá? Que me queima por dentro, que me perturba o sono, que não tem sossego [...], o que não tem descanso, nem cansaço, nem limite; o que não tem vergonha, nem juízo?"

Pode-se pensar numa definição mais preciosa da força da pulsão, sua pressão e a busca quase desesperada por um sentido? A arte permite o compartilhamento da fantasia por tocar no intocável do inconsciente. O que pode ser expandido da obra freudiana é esse conceito de arte, muito restrito aos artistas e às chamadas "obras de arte". O caminho da arte é muito maior, mais amplo e diversificado. Não é preciso ser um grande artista para direcionar aquilo que se constitui como um fluxo criativo. É possível à criação irromper como matéria bruta sem a participação do Eu? Quanta capacidade criativa é necessária para que o Eu encontre formas de mediar os conflitos entre o Supereu, o Id, e até o próprio Eu? E mesmo o Supereu, com seus ideais culturais – e todo o seu aspecto repressivo – não estaria desempenhando um importante papel nesse processo?

A infância se caracteriza pelo desejo da criança de se tornar adulto e pelo fato de a brincadeira infantil ser o material primário das criações futuras. Além disto, nesta fase a repetição é fundamental para a construção do psiquismo, em sua forma lúdica e não patológica. O brincar começa muito antes do *Fort-Da* (brincadeira criada pelo neto de Freud e comentada por ele em *Além do princípio do prazer*); ele tem início desde o nascimento, quando o bebê, na sua relação com o ambiente, passa a construir a realidade. Os sujeitos se aproximam e se distanciam pela forma como o brincar primitivo se institui dentro de cada um. Trata-se da herança infantil que permanece no adulto.

4. FANTASIA E SEXUALIDADE

> "No mundo das neuroses, a realidade psíquica é a decisiva."
>
> (Sigmund Freud, 1916)

Fantasias, pulsão e sexualidade infantil

Em 1905, em *Três ensaios sobre a teoria da sexualidade*, Freud introduz a formulação da existência de uma sexualidade infantil em oposição radical ao senso comum da época e, inclusive, a suas próprias teorias acerca da eclosão da sexualidade apenas na puberdade. Três termos precisam ser compreendidos para a descrição desse processo, a saber: a libido, a noção de objeto sexual para a pessoa de quem parte a atração e a de objetivo sexual para a meta a que a pulsão conduz.

Inicialmente, Freud descreve que, no imaginário popular, há a lenda de que os primeiros seres humanos foram divididos em duas metades – o homem e a mulher – e que visam a se reencontrar no amor. Então, como explicar os casos em que homens desejam outros homens e mulheres desejam outras mulheres? Freud desconstrói a ideia predominante de que os invertidos sejam uma degeneração. Considera a homossexualidade como uma manifestação normal da sexualidade, com importantes funções dentro de determinadas culturas, estando presente em pessoas com excelente padrão cultural e intelectual, e afirma que padrões de masculinidade bem acentuados podem conviver com a inversão. A teoria da bissexualidade é marcante nesse contexto. A escolha de um objeto, quer seja masculino ou feminino, em suas amplas possibilidades está inscrita tanto na infância quanto nos estágios primitivos da sociedade e nos primeiros períodos da história.

Freud destaca que a pulsão tem como objetivo a descarga de libido. Caso não encontre um objeto apropriado, a pulsão pode pressionar o indivíduo para uma escolha de objeto semelhante à que ocorre quando o indivíduo é pressionado pela fome. Os impulsos da vida sexual se encontram nas menos dominadas áreas da atividade superior do psiquismo. Torna-se importante esclarecer que, inicialmente, dentro do conceito "perversão" encontram-se todas as manifestações da sexualidade que transgridem a norma da cópula genital. Freud estabelece uma série de desvios em relação ao objeto sexual, aos quais chamaria de rudimentos da perversão e perversão, propriamente dita.

Nos rudimentos da perversão, Freud destaca as preliminares do ato sexual, tais como o sexo oral, anal, em outras regiões do corpo e os casos nos quais o objeto sexual pode representar uma parte do corpo tal como o pé e o cabelo, por exemplo. Por deslocamento é possível admitir o uso de um objeto inanimado, análogo aos fetiches dos selvagens que acreditavam que neles estariam encarnados seus deuses. O fetichismo está presente tanto na história dos povos quanto no desenvolvimento da sexualidade infantil. Sobre a relação entre fetiche e fantasia, Freud, em nota de rodapé de 1920, acrescenta que o primeiro é uma "lembrança encobridora", um retorno a uma fase primitiva do desenvolvimento infantil.

O tocar e o olhar também ganham especial interesse neste contexto. A visão, derivada do tato, concorre para algumas das escolhas mais significativas do objeto sexual, em especial no que diz respeito à beleza. O ocultamento do corpo, tão diversificado nas culturas, também provoca a curiosidade sexual, procurando revelar o que está escondido.

A sublimação pela arte aponta para um dos caminhos mais fortes no que se refere ao fluxo da sexualidade. O interesse pelos genitais pode ser deslocado para o corpo como um todo. O "belo" é um produto da excitação sexual, cuja origem significa "o que estimula sexualmente". A palavra alemã correspondente, "*Reiz*",[60] significa tanto "estímulo" quanto "encantos".

---

[60] Segundo Hanns, *Reiz* tem uma conotação implícita de "uma relação entre a intensidade ou quantidade do estímulo e sua qualidade psíquica de prazer ou desprazer". HANNS, L., Notas do tradutor brasileiro In: *Obras psicológicas de Sigmund Freud*, p. 187.

O prazer de olhar se constitui numa perversão quando o ato preparatório suplanta o objetivo sexual normal. Trata-se da escopofilia, por um lado, e do exibicionismo, por outro. Ambos são constituintes passivos e ativos do ser olhado e do olhar. O exibicionista mostra seus órgãos genitais com o desejo de ter uma visão recíproca dos órgãos genitais de outra pessoa. O sadismo e o masoquismo também comparecem no quadro das perversões, considerados como as mais comuns: o desejo de infligir dor no objeto sexual e seu inverso. Freud considera que ambos caminham juntos, em maior ou menor grau, variando de indivíduo para indivíduo. Descreve como perversão no sadismo a satisfação inteiramente condicionada à humilhação e aos maus-tratos do objeto. O masoquismo seria o mesmo, só que de forma passiva, em que a satisfação se condiciona ao sofrimento de dor física ou psíquica nas mãos do objeto sexual.

Em 1905, Freud descrevia o masoquismo como uma transformação do sadismo. A agressividade emerge com um excesso pulsional, cujo funcionamento econômico Freud busca compreender. Neste momento de sua obra, supõe que no par de opostos presente no sadismo e no masoquismo encontra-se a oposição entre masculinidade e feminilidade, que por sua vez se combinam na bissexualidade de forma mais incisiva do que os mecanismos de agressividade. Para referir-se a esses pares de opostos, Freud optou por usar os termos *atividade* e *passividade*.

A desconstrução das "anormalidades" da vida sexual e o reconhecimento da participação de seus componentes – em maior ou menor grau – na constituição da sexualidade de todos os indivíduos podem ser considerados como uma das maiores contribuições de Freud ao entendimento do psiquismo.

As principais resistências que incidem sobre a sexualidade são provenientes da vergonha, da repugnância, do horror e da dor. Essas resistências são sobrepujadas em situações cujo objetivo sexual se desvia muito do protótipo do ato sexual, tais como estabelecer relações com cadáveres e lamber excrementos, por exemplo. Mesmo nesses casos considerados patológicos, esses indivíduos podem manter na sua vida social um comportamento absolutamente normal. A natureza patológica de uma perversão não estaria, assim, segundo Freud, relacionada ao seu conteúdo, mas sim com o "normal". Ela estaria vinculada a características de exclusividade e fixação. Quanto mais repulsiva é uma perversão, maior é o grau de investimento psíquico em sua constituição.

Em 1915,[61] retomando estas forças da repugnância, da vergonha e da moralidade que atuam como uma barreira ao desenvolvimento sexual, Freud acrescenta a estas forças o papel do contexto histórico durante a psicogênese da raça humana, além das influências externas e educacionais.

---

[61] Freud, S. "Tres ensayos de teoría sexual", p. 147. Tradução do autor.

Em síntese, ao defender a ideia de que a neurose é o negativo das perversões, Freud instaura a perversão como originária e a neurose como um produto posterior desta, a partir das repressões produzidas pela repugnância, pela vergonha e pela moralidade. As causas ontogenéticas dessas resistências vão sendo descobertas, gradativamente, com a contribuição da filogênese, do meio social e dos efeitos da educação.

E como as fantasias se vinculam a esses processos? Nos pervertidos, as fantasias conscientes podem tornar-se manifestas em circunstâncias que lhes sejam favoráveis; nos paranoicos, suas fantasias temerosas se apresentam em forma de delírios que são projetados sobre os outros com intenção hostil; e, nos histéricos, se apresentam como fantasias inconscientes que são reveladas por meio dos sintomas.

A noção de pulsão sexual amadureceu ao longo das reflexões freudianas. Ela surge na busca pela fonte de onde emergem os impulsos que constituem a atividade sexual, e pode aparecer sob a forma de sintomas como representantes substitutos dessa atividade. Nas palavras de Freud:

> Por "pulsão" podemos entender, em princípio, nada mais do que um agente representante (*Repräsentanz*) psíquico de uma fonte de estímulos intrassomática em constante fluir; ela se diferencia do "estímulo" que é produzido por excitações singulares vindas de

fora. Assim, "pulsão" é um dos conceitos que se situam na fronteira entre o anímico e o corporal (entre o psíquico e o físico). A hipótese mais simples e óbvia a respeito da natureza das pulsões seria esta: em si não possuem qualidade alguma, mas sim que têm de ser consideradas como uma medida de exigência de trabalho da vida anímica/psíquica... A fonte de uma pulsão é um processo de excitação que ocorre no interior de um órgão e sua meta imediata consiste em cancelar esse estímulo do órgão.[62]

Freud toma para si a autoria e a responsabilidade de ser o primeiro a escrever sobre a existência de uma sexualidade infantil. E se interroga o porquê de esta não ter sido descoberta ou descrita antes dele. Começa a situar suas suposições na esfera da amnésia infantil, ou seja, por que as pessoas não se lembram de fatos relacionados à infância até o sexto ou oitavo ano de vida? Por que a nossa memória fica tão ofuscada pelas outras atividades da nossa mente, se é exatamente neste período que nos encontramos mais abertos para captar e receber as impressões do mundo?

A retomada das lembranças infantis nos sintomas dos histéricos coloca a questão de que estas não desaparecem, mas são reprimidas, afastadas da consciência e, deste modo, submetidas a uma espécie de amnésia infantil. E é essa amnésia infantil que Freud supõe ser

---

[62] Ibidem, p. 153. Tradução e parênteses do autor.

a causa de as pessoas não lembrarem das cenas de sua primeira infância.

Ao descrever o início da sexualidade infantil, Freud situa no recém-nascido um marco originário destas moções sexuais que, no decorrer do seu desenvolvimento, vão sofrendo diferentes inibições, sendo modificadas pelos avanços do desenvolvimento sexual e por peculiaridades individuais. Esses impulsos sexuais infantis não desaparecem, e, durante o período de latência, são desviados em direção a fins culturais. A esse desvio, Freud dá o nome sublimação. Na medida em que as funções reprodutoras estão postergadas e que os impulsos provenientes de zonas erógenas geram desprazer, torna-se necessário criar diques, forças psíquicas opostas, impulsos reativos para represá-los: a repugnância, a vergonha e a moral.

O início da sexualidade infantil remonta ao sugar prazeroso como o protótipo do prazer. Trata-se de um período autoerótico, que se inicia com o prazer proveniente da ingestão do leite morno materno. Em 1914, no artigo "Sobre o narcisismo: uma introdução", Freud afirma que, nesse início, a atividade sexual está vinculada a funções que atendem à finalidade de autopreservação, cuja diferenciação da atividade voltada ao prazer ocorreria mais tarde.

A experiência de satisfação tende a ser repetida, já deslocando a necessidade de se alimentar para o prazer do órgão. Um bebê satisfeito ao mamar acaba por relaxar e dorme tranquilo. Esta imagem sugere a importância do prazer na vida do indivíduo adulto, cuja atividade sexual pode proporcionar o relaxamento e o sono, quando a satisfação é obtida. Os lábios do bebê constituem-se como uma zona erógena, e a partir de sua tendência a repetir um prazer experimentado, provavelmente com o seio materno, pode reviver o prazer com autonomia, substituindo o seio por uma parte de seu próprio corpo, em geral, o polegar. Essa experiência provocada pelo sugar remete a uma situação anterior de prazer. O bebê se torna independente do mundo externo, o qual não pode controlar, mas é capaz de obter prazer consigo próprio. Mas nem todos os bebês sugam desta maneira, Freud nos diz. Aqueles que persistem neste prazer tendem a exacerbar o desejo de beijar os outros e também a beber e a fumar, enquanto nos casos de recalque deste prazer, podem se desenvolver distúrbios de alimentação, constrições de garganta e vômitos. Outra parte do corpo pode ser escolhida para obter, por deslocamento, o prazer de sugar, ao se tocar em alguma parte diferente e sentir prazer neste ponto. Ao estabelecer uma analogia com a histeria, Freud assinala o caráter de deslocamento presente nesta última e a capacidade de substituir uma excitação genital pela excitação em qualquer parte do corpo.

Em síntese, o objetivo sexual de satisfação é obtido por meio da repetição da experiência de prazer, a qual consiste na presença de um estímulo externo sobre a zona erógena que cesse a sensação de desprazer. A segunda fase do desenvolvimento é a fase anal, na qual a criança percebe que algo que ela produz afeta o ambiente, a partir da retenção e da liberação das fezes. Esse processo desempenha um importante papel nas primeiras teorias sexuais infantis, tal qual descrito no caso clínico de Hans, que supõe que os bebês nascem pelo ânus. Freud reconhece o prazer da mucosa anal nos processos de retenção e evacuação e o caráter de erogeneidade do ânus, funcionando como um processo masturbatório. A ativação das zonas erógenas genitais é possibilitada pelo efeito de satisfação produzido pela micção, em sua passagem pela glande e pelo clitóris. A masturbação apresenta-se como um *continuum* submetido a três momentos: a lactância, os quatro primeiros anos e a puberdade. A masturbação parece ser o agente ativo da sexualidade infantil e sobre ela repousa toda a constituição da culpa sobre o prazer. A enurese noturna pode ser considerada como um prolongamento deste prazer erógeno e a poluição noturna como uma manifestação da atividade sexual. Esta se manifesta de modo independente dos componentes ligados à sedução, na medida em que se trata de uma forma interna espontânea.

Freud reafirma a compreensão de que uma satisfação vivenciada com prazer sempre retorna. Assim, as masturbações posteriores estão relacionadas às experiências anteriores do sujeito, lembrando das singularidades provocadas tanto pelas causas internas quanto pelas contingências externas.

A disposição perverso-polimorfa é outra contribuição extremamente importante da teoria freudiana para se compreender a complexidade da sexualidade humana. Na criança, ainda, em virtude de uma não submissão às forças da repugnância, da vergonha e da moral, observa-se um comportamento sexual próximo ao que pode ser considerado como passível de transgressões. Esta possibilidade de o sujeito estar aberto a todas essas disposições perverso-polimorfas pode ser encontrada também nas prostitutas que, de forma infantil, estão disponíveis para exercê-las. Freud sustenta ser esta disposição perverso-polimorfa um constituinte fundamental e universal da sexualidade humana.

Sobre as pulsões parciais, Freud escreve que o prazer de ver, de se exibir e da crueldade emergem na criança de forma autônoma, com certa independência das zonas erógenas. A satisfação em expor seu corpo, em especial os genitais, e, posteriormente, com o advento gradual da vergonha, a curiosidade em ver os genitais de outros, fazem parte desta disposição perverso-polimorfa. De fato, a presença de um sedutor implica, de alguma forma, em maior significação para este prazer. O interesse pelos seus próprios órgãos genitais dá lugar ao interesse pelos órgãos genitais dos colegas. Segundo Freud, o momento de ver os órgãos genitais de outros surge muitas vezes durante a micção e a defecação. O recalque desse prazer em ver, ver-se e ser visto pode permanecer como uma forte pressão, transformando-se em sintoma.

Outro ponto bem importante diz respeito ao surgimento dos componentes cruéis da pulsão sexual. Freud diz que estes são naturais ao caráter infantil e que o sentimento de piedade se desenvolve relativamente tarde, ou seja, após o sentimento de crueldade se manifestar. Crianças que apresentam particular crueldade com animais e com outros colegas parecem expressar uma precoce e intensa atividade sexual proveniente das zonas erógenas. "A ausência da barreira de compaixão traz consigo o perigo de que este vínculo estabelecido na infância entre as pulsões cruéis e as erógenas resulte indestrutível mais tarde na vida."[63]

A pulsão de saber ou de investigar surge entre os três e os cinco anos. Em *Análise de uma fobia em um menino de cinco anos*, conhecido como o caso do pequeno Hans, Freud observou a capacidade que as crianças têm de falar sobre o simbolismo dos enigmas da vida sexual, e aponta para a capacidade infantil de escolha de objeto afetivo entre os três e cinco anos. Em 1905, Freud afirmaria que o primeiro e maior enigma para as crianças diz respeito à questão das origens. A diferença sexual não seria o primeiro enigma, na medida em que os meninos acreditam, por um tempo maior,

---

[63] Freud, S. "Tres ensayos de teoría sexual", p. 175.

que só existe um único sexo, ou seja, que todos têm um pênis porque são iguais a ele. O complexo de castração estaria vinculado à capacidade de a criança organizar a compreensão da diferença sexual. Nas suas resoluções conflituosas, o menino pode até mesmo negar a falta do pênis nas mulheres. Introduz-se aqui a questão de certa superioridade masculina quando o menino crê ser possuidor de algo que a mulher não tem. Ele não compreende que a mulher não é seu negativo e sim apenas diferente. Por outro lado, na menina se desenvolveria a inveja pelo que não tem, a saber, o pênis.

As teorias do nascimento se revelam por meio da curiosidade das crianças em tentar desvelar o mistério do aparecimento dos bebês e – por que não dizer? – delas próprias. A criança tenta elaborar essa compreensão com os elementos disponíveis ao seu alcance. Nos contos de fadas, a cegonha tenta dar subsídio a esse entendimento infantil, mas tende a fracassar no seu intento. A criança busca interrogar os outros e a si mesma assim como fez Hans ao pensar que os bebês nascem como cocôs. O fato de a criança não ter acesso ao papel do esperma e do orifício sexual feminino faz com que esses dados inexplicáveis sejam passíveis de teorização, de compreensão. Por vezes, gera na criança a capacidade de pensar sozinha, na medida em que a moral e a vergonha impedem que dialogue sobre estas dúvidas. Diante desse impasse, a criança começa a autonomizar seu pensamento em relação ao do adulto.

Na medida em que tampouco consegue, por si só, compreender o enigma, pode abandoná-lo ou deixá-lo latente em seus pensamentos. O destino dessa pulsão de saber pode tomar diversos rumos, tais como o da sublimação e, inclusive, o da renúncia em querer saber, dependendo da intensidade do recalque.

Freud descreve as fases de desenvolvimento da organização sexual. Inicialmente, destacava dois pontos importantes: o caráter autoerótico, na medida em que o bebê encontra prazer em alguma parte de seu próprio corpo; e o das desconexões das pulsões parciais, que buscam obter satisfação de forma independente. Mais tarde (1915), estabelece a diferenciação entre as organizações genitais e as pré-genitais. As pré-genitais são aquelas em que as zonas genitais não atingiram seu caráter hegemônico e sua primeira fase é oral ou canibalesca, pois aqui a nutrição e a atividade sexual ainda não se separaram: o objeto de uma atividade é o da outra, também (o seio como fonte de alimento e de prazer). A meta é a incorporação do objeto e serve como um protótipo do processo de identificação posterior. A sucção do polegar desvinculada da atividade nutritiva aponta para essa forma de identificação posterior, na qual ocorre o processo de substituição do objeto primitivo por outro, que faz parte do próprio corpo do sujeito.

A segunda fase é a sádico-anal, na qual as oposições ativas e passivas da vida sexual já se apresentam.

A ativa está relacionada à atividade muscular; a passiva, à mucosa erógena do intestino. Em 1923, Freud passa a denominar uma terceira fase de fálica, na qual ocorre certa genitalização – na medida em que a criança passa a conceber a presença de um objeto sexual e a convergência das pulsões. Contudo, esta fase ainda se diferencia da genital, que é a mais madura, pela constatação de que, na fase fálica, a criança ainda concebe somente uma classe de genitais, os masculinos.

Ao relacionar reprodução de satisfação com processos terapêuticos, Freud começa a perceber sob qual influência se estabelecem certas práticas terapêuticas como a dos banhos quentes, por exemplo, com seus estímulos térmicos. Reconhece, também, uma produção de excitação sexual a partir dos balanceios mecânicos e ritmados do corpo. Nesse grupo de sensações de prazer, Freud distingue três classes de influências de estímulo: as que atuam sobre o aparato sensorial dos nervos vestibulares, as que atuam sobre a pele e as que atuam sobre partes mais profundas, tais como músculos e articulações. Relacionando "excitação sexual" e "satisfação" para a existência de excitações prazerosas, Freud busca referir-se aos jogos infantis que causam enorme prazer às crianças, tais como balançar e serem jogadas para cima, jogos mecânicos e passivos que buscam incessantemente repetir. Esse balanceio pode ser exemplificado no efeito do ninar para dormir, no prazer ao reproduzir movimentos de trens, carruagens, e, mais presentemente, em simular que guiam carros de alta velocidade. Essa relação entre carro (Freud falava, evidentemente, de trens e carruagens) e velocidade está relacionada ao caráter sexual do prazer do movimento e da potência em guiar, conduzir esses representantes. Freud descreve que essas vivências são experienciadas por meio da fantasia. Elas emergem no período anterior à puberdade e, sob recalque, causam enorme desprazer nos adultos, na forma de tonturas, náuseas, ansiedade de viagem etc. Casos observados de agorafobia e perturbações da marcha podem estar relacionados à natureza sexual do prazer do movimento. Muitas pessoas buscam, na vida adulta, experimentar essas sensações desagradáveis de horror, apreensão ou medo por meio de um mecanismo que as atenue num mundo imaginário da ficção, do teatro e do livro e, mais contemporaneamente, do cinema e das experiências sensoriais virtuais como jogos de computador, por exemplo.

Freud compreende o jogo infantil como atividade sexual, mas não fica claro para ele se o movimento passivo é de natureza sexual ou se é o produto de alguma excitação. Entretanto, lutas físicas com colegas podem provocar o despertar dessas primeiras sensações e desse esforço sexual, que mais tarde também pode ser observado nas disputas verbais. Sobre a educação moderna, Freud assinala a função dos jogos como um meio para desviar os jovens da atividade sexual, uma vez que o prazer do movimento é um substituto do gozo sexual – o que também significa voltar a atividade sexual para um dos seus componentes autoeróticos. Trabalhos intelectuais que exigem um grande esforço da atenção produzem aumento da excitação sexual e, em direção contrária, estados de excitação sexual influem sobre a atenção orientada.

Fantasia como investigação sexual infantil

Uma das funções do Eu é estabelecer um equilíbrio psíquico que possa elaborar a dúvida sobre as origens. A fantasia que constitui a investigação infantil é o resultado da articulação entre, por um lado, os fragmentos da realidade experienciada pelo psiquismo da criança, e, por outro, suas incompreensões cognitivas. A criança é um agente ativo e busca, por meio do surgimento das dúvidas, elaborar processos de construção do pensamento que vão se tornando cada vez mais complexos durante o seu desenvolvimento (conforme observa as mudanças no seu próprio corpo e no dos outros).

Entre as principais teorias infantis destaca-se o pensamento mágico, animista e onipotente – uma forma de organizar e compreender o funcionamento do mundo para poder controlá-lo e sentir-se mais seguro. Essas teorias primitivas que se constituem como fantasias seguem a mesma trilha traçada pelas primeiras formas de funcionamento mental dos povos mais primitivos, trazendo consigo a dimensão do desamparo, de se ver só no mundo. Tais teorias são arcabouços do infantil no pensar consciente e inconsciente dos sujeitos ao longo de sua vida. Resíduos do pensamento mágico, animista e onipotente estão presentes como fantasias impregnantes dos sintomas neuróticos. Estas fantasias se constituem como resistências a serem removidas para a retificação do Eu, que é o mediador dos conflitos presentes entre as diferentes instâncias psíquicas e as pulsões. No caso da persistência destas três formas de pensamento descritas e baseadas nas teorias iniciais da investigação infantil – constituídas como fantasia –, o adulto se depara com a tendência a uma fixação primitiva que se constitui como um dos pontos nodais dos sintomas neuróticos. Consideram-se sintomas o conjunto de sinais deflagrados como resultantes dos conflitos do psiquismo. A manutenção dessa forma de fantasiar é considerada uma introversão, inibição ou um processo que sustenta o princípio do prazer diante da realidade, para dar suporte ao conflito inevitável da constituição do humano.

Entre algumas das teorias que se constituem como fantasias, cobrindo lacunas do real, destacam-se as tentativas de entender a diferença entre os sexos, a origem dos bebês e a mentira dos adultos sobre esses temas, por exemplo. Mesmo que seja dita a verdade para a criança, lhe resta uma insuficiência por conta da precocidade do próprio corpo, ainda distante das compreensões da puberdade, quando então vai se tornar possível a compreensão do papel que o esperma e os ciclos de menstruação desempenham nestas teorias.

A denominada pulsão epistemofílica, um dos destinos sublimatórios da pulsão canalizada para a investigação das origens e do funcionamento das coisas, tem seu principal marco no fracasso do entendimento, tal como descrito acima, e é o que introduz o sujeito na latência. Dependendo das histórias de vida dos sujeitos, essa busca por saber pode ganhar diferentes formas e intensidades, constituindo-se como uma das principais fontes das fantasias infantis que permanecem no adolescente e no adulto, e que podem ser transformadas em pesquisa científica e desejo de saber. Acredita-se que esta busca encontra-se vinculada a um quantum pulsional erótico vivido pela criança na mais tenra infância, e é o propulsor do que necessita ser escoado. O conhecimento científico é, em última análise, um produto da pulsão e um substituto da fantasia.

Fantasia, puberdade e adolescência

Com a chegada da puberdade, tudo aquilo que se constituía como autoerótico passa a ter um novo objetivo sexual, agora ligado à primazia das zonas genitais. Aqui se completa, segundo Freud, o ciclo desse desenvolvimento: oral, anal, fálico e genital. A distinção entre as correntes afetiva e sexual recebe cada vez mais atenção da parte de Freud. A corrente sexual parece estar ligada ao que "resta do florescimento primário infantil da sexualidade".[64] Essa divisão entre sensual/afetiva e sexual não será revisitada durante o terceiro ensaio, mas retornará frequentemente na obra freudiana, apontando para o fato de que amor e sexo são coisas distintas.

A ideia de desenvolvimento sexual até as formas mais genitais serve, neste princípio, de paradigma para a organização do psiquismo. As transformações do corpo do púbere implicam transformações psíquicas. O surgimento dos caracteres sexuais secundários – menstruação nas meninas, ejaculação nos meninos, por exemplo – causa impacto profundo na produção de uma nova subjetividade, que rompe com a posição infantil do sujeito na sociedade. Partindo dessa concepção, Freud passa a considerar, sob uma perspectiva mais ampla, que "os distúrbios patológicos da vida sexual são, com justiça, inibições do desenvolvimento".[65]

Diante da importante passagem da infância para a puberdade e da complexidade dos estímulos sexuais que aparecem nesta fase, Freud observa:

> Os estímulos podem ser alcançados por três caminhos: desde o mundo exterior, por excitação das zonas erógenas que já conhecemos; desde o interior do

---
[64] Freud, S. "Tres ensayos de teoría sexual", p. 189.
[65] Ibidem, p. 190. Tradução do autor.

organismo, seguindo vias que ainda temos que investigar, e desde a vida anímica/psíquica, que por sua vez constitui um repositório de impressões externas e um receptor de excitações internas. Pelos três caminhos se provoca o mesmo: um estado que se define como de "excitação sexual" e se dá a conhecer por duas classes de signos, anímicos/psíquicos e somáticos. O signo anímico consiste em um peculiar sentimento de tensão, de caráter extremamente esforçado; entre os múltiplos signos corporais, se situa, primeiramente, uma série de alterações nos genitais, que tem um sentido indubitável: a preparação para o ato sexual (a ereção do membro masculino, a lubrificação da vagina).[66]

O paradoxo de uma sensação que é desagradável mas pode também ser vivida como prazerosa segue desafiando Freud. Ele procura resolver o problema ao exemplificar a excitação que uma mulher sente quando tocam seus seios, excitação que, no entanto, ela não pode levar adiante como um ato sexual completo. O estímulo das mãos sobre a pele dos seios inicialmente gera um prazer, mas, se a tensão sexual não puder ser satisfeita com a continuação do ato sexual, pode-se gerar um desprazer, justamente por conta do aumento da excitação que não encontra escoamento.

Com uma forma de pensar ainda marcada pela ideia de normalidade possível da sexualidade – como uma

---
[66] Ibidem.

meta a ser atingida pela via do desenvolvimento –, Freud estabelece que o prazer genital que une o pênis e a vagina num ato de descarga produz o prazer e a diminuição da tensão da libido. Nesta mesma linha de pensamento, distingue o pré-prazer (ou prazer prévio) do prazer final. O primeiro está ligado à satisfação infantil, e o segundo, à satisfação produzida a partir da puberdade. No prazer final, estão incluídas todas as modalidades do pré-prazer, ou seja, da pulsão sexual infantil. Uma fixação no prazer prévio pode provocar uma diminuição da descarga no prazer final. Isso acontece quando, numa específica fase da infância, uma determinada pulsão recebeu grande quantidade de satisfação, fazendo com que um prazer prévio tome o lugar do prazer final. Pode surgir uma compulsão em fixar-se nas fases preliminares do prazer prévio e não dar continuidade à descarga do prazer final, sob a forma genital.

A ideia de que o encontro de um objeto é, na realidade, um reencontro está assegurada pela importância das experiências sexuais infantis e em suas marcas deixadas nas relações prototípicas amorosas. Este encontro com o objeto, Freud o denomina de "anaclítico" ou de "ligação", em virtude do fato de ser buscado nos protótipos da primitiva infância. Um segundo tipo de relação com o objeto é o "narcísico", que busca o Eu próprio e o reencontra em outros. As primeiras relações da criança com quem cuida dela formarão a base sobre a qual se constituem as fontes de erotização de seu psiquismo, vinculadas à experiência de satisfação. A pessoa que cuida da criança (geralmente a mãe) expressará seus sentimentos amorosos de acordo com a própria vida sexual, tomando-a como um objeto que deve ser acariciado, beijado, embalado e, de forma bem clara, nas palavras de Freud, "toma-o como um substituto de um objeto sexual de pleno direito".[67]

A qualidade dessa relação amorosa primitiva – que é sexual, tal como compreendida por Freud – será a base sobre a qual se constituirá toda relação afetiva posterior. Excessos e carências da parte dos pais refletem-se no comportamento posterior da criança. O mesmo ocorre se a mãe se sentir muito culpada ao exercer esses carinhos em seu bebê, com medo das próprias sensações amorosas que lhe são dedicadas. Nessa base relacional primitiva, é sinalizado o protótipo da transmissão das sintomatologias da neurose.

A ansiedade infantil surge pelo medo da perda da pessoa amada. As crianças se assustam diante dos estranhos e têm medo do escuro porque não podem ver quem as protege. O relato do caso de uma criança que dormia sozinha num quarto e pedia a sua tia – situada num outro cômodo da casa – para que falasse com ela ajudou Freud a perceber a importância desta presença. Na situação relatada, a tia do menino lhe

---

[67] Ibidem, p. 203. Tradução do autor.

dizia: "Para que falar se você não me vê? Ao que o menino respondia: Não importa, se alguém falar, a luz vem."[68] Essa ansiedade de separação constituinte do psiquismo faz parte do desenvolvimento infantil. Adultos que se vejam insatisfeitos com sua libido, ou sozinhos e separados da pessoa a quem amam, poderão sentir uma ansiedade que os remete aos medos infantis.

A barreira do incesto surge como um dos fatores que criam um recalque dos sentimentos pelas pessoas que o sujeito amou na infância. Ela se torna um protótipo para a separação amorosa da família e, ao mesmo tempo, abre caminho para que o sujeito possa investir o seu amor em outras pessoas. O incesto é antissocial (afirma Freud em 1915, reforçando texto de 1897) e sua interdição é fundante da civilização.[69] Nesse curso de pensamento é que Freud compreende a importância do complexo de Édipo como o núcleo da neurose e da grande tarefa de cada indivíduo, em suas histórias, que é a de dominá-lo. Em relação ao incesto, destaca a luta de cada um para tentar dominar suas tentações, assim como a frequência com que é transgredido em suas fantasias e até mesmo na realidade.

A primeira escolha de objeto amoroso fica registrada como protótipo, uma representação inconsciente. O indivíduo tenta encontrar, por meio da fantasia, esse

---

[68] Ibidem, pp. 204-205. Tradução do autor.
[69] Freud, S. "Rascunho N", p. 253.

objeto primitivo da infância. Supõe-se que essa busca permaneça como um modelo de satisfação que acompanha os indivíduos ao longo da vida e cujo destino, em grande parte, tende a ser uma renúncia. A renúncia ao objeto prototípico idealizado e que está perdido. Perdido para sempre.

As fantasias retornam na puberdade com a pressão exercida pelas novas forças sexuais. Fantasias cujas raízes encontram-se nos vínculos amorosos estabelecidos entre a criança e seus cuidadores; constituintes e constitutivas de um elo indissociável entre a experiência somática e a ideativa. As fantasias estabelecem as formas pelas quais os componentes da libido encontram satisfação. Assim, pode-se situar a sua origem nos primórdios das experiências libidinais de satisfação, desempenhando, por suas disposições preliminares, um papel muito importante na origem de diversos sintomas. Na maioria das vezes, as reanimações dessas fantasias prototípicas, sob a influência dos restos diurnos, são as que se manifestam nas fantasias noturnas que se tornam conscientes na qualidade de sonhos.

O que Freud classifica como fantasias primordiais constitui o que é ser humano, em última instância. A castração, por exemplo, embora seja vivida de maneira singular, é uma espécie de *software* comum que estrutura a constituição subjetiva dos indivíduos. Freud destaca, entre as fantasias primordiais sexuais que irrompem na puberdade, as de ouvir os pais mantendo relações sexuais (cena primária), as de ter sido seduzido em tenra idade por alguém amado (sedução), e a ameaça de castração. Outras, de outro tipo, são aquelas nas quais o conteúdo é o de permanecer no ventre materno e/ou das experiências vividas dentro deste. Quanto ao denominado romance familiar, é possível observar que o adolescente, por exemplo, muitas vezes reage diante dos pais com aquela atitude que tinha na infância.[70]

Um dos mais dolorosos e importantes desafios da adolescência está na superação e no repúdio dessas fantasias incestuosas da infância. Esta superação produz um desligamento da autoridade dos pais e torna possível a oposição entre a velha e a nova geração, movimento tão importante para o progresso da civilização. Alguns não conseguem nunca suplantar este estágio e ficam submetidos à autoridade dos pais, como num estágio de fixação num amor infantil. Nesse sentido, não amadurecem e podem desenvolver diversos sintomas como, por exemplo, um repúdio à sexualidade e um desejo intenso de afeto, concomitantemente, porque estão aprisionadas pelo seu amor infantil pelos pais. Torna-se comum observar pessoas que, quando perdem seus objetos amorosos, retornam a estágios primitivos da infância como um sintoma. A memória do afeto infantil por quem cuida da criança (seus pais,

---

[70] Freud, S. "Tres ensayos de teoría sexual", p. 206.

na maioria dos casos) é o traço mais importante que se inscreve no indivíduo e influencia a sua escolha de objeto futuro. No entanto, o fato de ser este o traço mais importante não significa também que seja o único.

5. FANTASIAS E SINTOMAS

> "As experiências da infância construídas ou recordadas na análise são, às vezes, indiscutivelmente falsas e, às vezes, por igual, certamente corretas, e na maior parte dos casos são situações compostas de verdades e falsificações."
>
> (Sigmund Freud, 1916)

Retomando suas concepções já discutidas sobre a natureza dos devaneios, Freud busca demonstrar de que forma as fantasias estão presentes em diferentes tipos de estruturas psíquicas. Na paranoia, observam-se fantasias delirantes cujos conteúdos remetem a um sentimento de grandeza e aos padecimentos do próprio Eu. Nas perversões, pode-se observar a obtenção da satisfação sexual em ideias ou em atos. Nas psiconeuroses, em especial na histeria, as fantasias histéricas desempenham um papel muito importante como causa desses sintomas. Como já foi analisado anteriormente, as fontes comuns e os protótipos normais dessas criações da fantasia são os chamados devaneios da juventude – sendo os sonhos noturnos produzidos com o mesmo núcleo das fantasias diurnas. Essas últimas aparecem de forma desfigurada e mal compreendidas pela instância consciente.

Freud se depara novamente com a questão de que o inconsciente não é somente fruto do recalque. Refletindo sobre as fantasias, afirma que nem todas foram conscientes um dia e se tornaram inconscientes após o processo do recalque. Há algumas que podem ter sido sempre inconscientes. A ideia de que as fantasias inconscientes um dia foram conscientes/sonhos diurnos traz consigo elementos mnêmicos, lembranças de experiências de prazer vinculadas aos atos sexuais mais primitivos como a masturbação. Por meio das atividades autoeróticas, cada sujeito elege determinadas partes do corpo como erógenas. Para uns a orelha, para outros a pele, para outros os pés, entre outros exemplos possíveis. Posteriormente, estas partes do corpo se fusionam com a representação de desejo construída na relação com seus vínculos objetais. Este encontro do erotismo corporal com o outro caracteriza uma experiência parcial de satisfação que se inscreve no inconsciente como fantasia.

A renúncia a esta satisfação masturbatória e fantasiosa torna inconsciente a fantasia outrora consciente. E se o indivíduo não encontra objetos para obter satisfações é estabelecido um quadro de abstinência – ele não consegue sublimar sua libido, quer dizer, não é capaz de dirigir sua excitação sexual até um alvo superior.

Diante dessa impossibilidade, brotam as condições necessárias para que a fantasia inconsciente prolifere e se manifeste como um sintoma patológico, pelo menos em parte de seu conteúdo e com toda a pressão de sua ânsia amorosa.

Os sintomas histéricos, propriamente ditos, são as fantasias inconscientes expressas por meio da conversão. E, na medida em que se expressam como sintomas somáticos, estão quase sempre afetados pelo conjunto das mesmas inervações motoras e sensações sexuais que acompanham a fantasia que, em sua origem, era consciente.

Os histéricos que não realizam suas fantasias transformando-as em sintomas podem acabar por expressá-las, de forma inconsciente, encenando situações que gerem atentados, estupros ou atos de agressão sexual. Em síntese, sob a aparência visível dos sintomas, encontram-se as fantasias inconscientes, ocultas, de origem sexual. A relação da fantasia com o sintoma é bem complexa, não podendo ser estabelecida uma relação biunívoca entre uma fantasia e um sintoma, mas sim entre várias fantasias e o sintoma. Isso não ocorre de forma arbitrária e obedece a leis inconscientes. A natureza dos sintomas histéricos é, portanto, a realização de uma fantasia inconsciente, de origem sexual. Na histeria, o sintoma constrói-se como uma formação de compromisso entre duas moções pulsionais ou afetivas opostas. Enquanto uma delas se esforça em expressar uma das forças pulsionais ou algum dos componentes da constituição sexual, a outra se empenha em sufocá-los. Pode haver, na composição do sintoma histérico, moções inconscientes não sexuais, mas que não excluem o significado sexual do sintoma como um todo.

Um fragmento clínico serve de ilustração para o que tenho explicado. Sra L. começou a trazer conteúdos de ordem homossexual referente a amigos e à sociedade em geral. Como essa insistência no tema apresentava-se repetidamente, perguntei-lhe se por acaso não a estaria incomodando um possível interesse ou até mesmo um desejo homossexual. Ela então me perguntou: "O que foi que você disse?" Eu repeti a frase. Ela me respondeu: "Não estou ouvindo." Eu disse: "Como?" E ela: "Não estou ouvindo nada." Sra L. desenvolveu uma surdez histérica durante quase dois meses. Submeteu-se a todos os exames e nada foi comprovado. Pouco a pouco, sua audição foi retomada. Freud explica que, nesse fenômeno, assim como na perturbação psicogênica da visão, ocorre uma dissociação entre conexões psíquicas dos processos conscientes e inconscientes no ato de ver e de ouvir. São produtos de fortes conflitos pulsionais: os da preservação e os da satisfação.

Sobre a bissexualidade, Freud introduz a ideia de duas fantasias sexuais, uma de caráter masculino e outra de caráter feminino, de tal forma que uma delas sempre corresponderá a uma moção homossexual. A histeria passa a ser redefinida como a expressão dessa contraposição entre uma fantasia sexual inconsciente masculina e outra, feminina. Freud alerta para o fato de que os psicanalistas devem compreender o significado bissexual de um sintoma para poder lidar com ele.

Diante de tamanha importância da fantasia para o psiquismo, não é possível compreender as sublimações, as vicissitudes da pulsão e as formações reativas sem que estas estejam acompanhadas de uma significação inconsciente representada pela fantasia. Ou qual ideação poderia dar suporte a esses processos?

Frente às repressões morais impostas pela civilização, Freud afirma que os homens não são sinceros, de uma forma geral, no que diz respeito aos assuntos ligados à sexualidade. Grosso modo, pode-se dizer que as relações entre as pessoas são mantidas pelo viés da aparência. O reconhecimento da existência de fantasias inconscientes, pré-conscientes e conscientes, que são protegidas socialmente e não são comunicadas salvo em situações bem precisas, parece estabelecer uma estética criativa, uma vez que o teatro de interpretação ocorre durante a vida cotidiana. Sobre a função e o destino da fantasia, Freud afirma que há uma estreita vinculação de ambos com os ideais culturais exigentes e as repressões constitucionais de cada indivíduo. Incapacitado de atingir tais ideais culturais, o sujeito se depara com a realidade frustrante. Para dar conta dessa condição desprazerosa e insatisfatória, o indivíduo fantasia. E é por meio desta fantasia que pode obter prazer e compensar o que não pode atingir na realidade idealizada. A fantasia cumpre, mais uma vez, a função de realização de desejos.

A busca pela realização de desejo é uma marca fundamental do mecanismo psíquico humano. Diante das fragilidades subjetivas ou de pressões externas bastante intensas, essa pressão pode tomar o rumo dos sintomas por meio de uma regressão da libido. Dois outros caminhos se apresentam no encontro do indivíduo com a frustração causada pela não realização de desejos no mundo real: o da criação artística como uma sublimação, possibilitando um desvio da neurose, e o do isolamento, diante da insuportabilidade da convivência com os outros.

O conceito de realidade psíquica fica restrito a uma condição de vida que não encontra uma essência material ou prática. A realidade "prática" é um produto sempre vinculado a uma dimensão imaginária social, constituída por padrões morais, éticos, estéticos, ideológicos e de significações diferenciadas em cada contexto socioeconômico-cultural. A norma dos ideais coletivos parece constituir-se de fantasias sociais que afetam a subjetividade de cada um.

No destino da sublimação, a criação artística aparece como um enigma não resolvido pela psicanálise. Muitos criadores das denominadas obras de arte consideram insatisfatórias as suas produções, na medida em que não conseguem realizar exatamente o que haviam idealizado. O artista, diante de sua criação, experimenta situações de incerteza, dúvida, questiona suas ambições, sua disciplina, as inibições, os descasos e as angústias que fazem parte da interação entre o indivíduo e o seu produto. A criação artística também pode ser entendida como um destino sublimatório da angústia.

Analisando os quadros e as narrativas de historiadores no artigo "Uma lembrança infantil de Leonardo da Vinci", Freud postula que a genialidade do artista, em vastas áreas do conhecimento, era proveniente da pulsão de saber que brotava por todos os sentidos. Essa pulsão, movida por uma paixão focada na ânsia de investigar, era de tal forma constituída que não deixava espaço para a afetividade fluir em outras direções, a não ser a do trabalho intelectual e artístico. Freud estabelece uma analogia entre o ardor para a investigação e o ardor para amar, no sentido de que ambos são buscas de processos primitivos inscritos na infância que, por sua vez, possibilitam realizar um desejo, obter um prazer ou realizar uma fantasia. A capacidade de sublimar é um dos aspectos criativos fundamentais da constituição subjetiva. Por meio dela, pode-se construir um objetivo como, por exemplo, o profissional, deslocado da pulsão sexual.

Fantasia, amor e sexo

As fantasias vinculadas ao amor e ao sexo vão se tornando mais complexas e diferenciadas em função dos entendimentos provenientes daquilo que Freud chamou de psicologia do amor. A primeira contribuição freudiana a respeito do tema[71] destitui a fantasia do amor romântico, de que haja uma completude que se concretiza por meio do encontro entre as duas partes envolvidas. A incompletude do objeto amoroso pode ser manifestada pela não realização das exigências eróticas. Retomando o modelo dos romances familiares e do complexo edípico, Freud estabelece que os objetos amorosos são fixados desde a mais tenra infância e revividos na puberdade. A masturbação púbere fixa as fantasias que o adulto buscará concretizar na vida erótica posterior. Contudo, em seu período pré-púbere, o jovem nutre pela mãe uma ilusão, um sentimento de ternura que permanece protegido dos desejos incestuosos, negando-se muitas vezes a aceitar que sua mãe possa realizar um ato sexual com seu pai.

Lançamos mão, aqui, de outro fragmento clínico a título de ilustração: F. relata que, quando estava com cerca de sete anos de idade, alguns amigos reuniram-se no intervalo entre as aulas. Um colega falou que

---

[71] Freud, S. "Um tipo especial da escolha de objeto feita pelos homens (Contribuições à psicologia do amor I)".

descobrira que os homens colocavam o pênis na vagina das mulheres e saía um líquido que gerava um bebê. Outro colega que estava participando da conversa virou-se para o que revelara o mistério e disse: "Duvido que a minha mãe faça isso com meu pai." O autor da revelação não se conteve: "Você pensa que sua mãe não gosta, mas ela gosta e faz isso sempre com seu pai." O outro ficou vermelho, inchado, negando repetidamente, até que, por fim, começou a chorar, dizendo: "Não, ela não pode fazer isso!" Essa passagem também permite perceber no jovem colega uma reação de desmoronamento, ao tomar conhecimento de que sua mãe, assim como todas as outras, rompia com o modelo amoroso e edípico de ternura e pureza que ele trazia dentro de si.

A fantasia originária do nascimento aparece como a expressão de afeto prototípica da ansiedade. A mãe aparece como a salvadora da criança diante do perigo do ato de nascimento. Essa ansiedade do nascimento seria considerada por Otto Rank como a origem de todas as ansiedades posteriores, questão que geraria muitas polêmicas, expressas mais tarde.[72]

A segunda contribuição freudiana[73] reflete uma das questões mais vitais da existência humana e da

---

[72] Freud, S. "Inibições, sintomas e ansiedade".
[73] Freud, S. "Sobre a tendência universal à depreciação na esfera do amor (Contribuições à psicologia do amor II)".

constituição das fantasias. Freud aborda uma questão considerada universal – a tendência à depreciação na esfera do amor. De forma mais clara, Freud estabelece a distinção entre a corrente afetiva e a sensual na situação amorosa. A corrente afetiva, considerada como primária e vinculada à pulsão de autoconservação, é carregada de erotismo por parte daqueles que cuidam do bebê. Freud usa a metáfora lúdica para afirmar que este é, para quem cuida dele, um brinquedo erótico.

As fantasias de amor e as sexuais começam a ganhar contornos mais precisos. Freud parte do princípio de que a civilização, por meio da renúncia aos objetos da satisfação primitiva, promove uma cisão entre a experiência primária amorosa – de cunho incestuoso – e uma corrente erótica que passa a ser direcionada a objetos substitutos e disponíveis ao prazer, na medida em que escapam desse recalque primário. Surge a fórmula: quando se ama, não se deseja, e quando se deseja, não se pode amar.

Essa regra aparece como uma tendência universal de depreciação do objeto sexual e de seus representantes que, por seu caráter incestuoso, não podem se tornar objetos amorosos. De um lado, os homens tendem a colocar a esposa no lugar de substituto amoroso da mãe, portanto interditada para o exercício das fantasias sexuais. Por outro, a mulher colocada no lugar de amante é aquela com a qual o homem se permite viver as suas intensidades sexuais. Em função disto, é possível entender a importância da prostituição na história da humanidade (não por acaso diz-se que esta é a profissão mais antiga do mundo), na medida em que a prostituta é, por excelência, aquela que realiza as fantasias mais proibidas do homem.

O ato sexual pleno restringe-se, na maioria das vezes, a algo degradante e que tem de ser realizado escondido, protegido socialmente. Quando consumado é porque atravessou alguma brecha do recalque. Obviamente, essa formulação deve ser contextualizada nas diferentes culturas, e se apresenta como uma dissociação verificada mais facilmente na sociedade ocidental. Esta dissociação deixa como marca para os indivíduos, em termos existenciais, a impossibilidade de conciliar plenamente a pulsão sexual com a moral civilizada. Trata-se de uma insatisfação constitutiva do humano em sua condição social: a renúncia e o sofrimento.

Apesar do exposto, é importante destacar que a conciliação entre amor e sexo é possível. A experiência analítica dá testemunho de que se pode atravessar estes fantasmas da dissociação e endereçar tanto o amor quanto o desejo sexual para a mesma pessoa. Este encontro, quando efetivo, pode ser considerado como a mais intensa experiência de prazer acessível ao ser humano.

Uma nova concepção do psiquismo: o fantasiar diante do princípio de realidade

A relação entre o princípio do prazer, a realidade e a significação do mundo real externo passa a se constituir, para Freud, como foco de interesse para uma melhor compreensão do funcionamento psíquico. O princípio da realidade passa a ser observado com especial atenção, diante da premissa de que a neurose visa ao afastamento do mundo real quando a realidade se apresenta como insuportável. A condição de estar consciente, ou seja, da formação da consciência (parte do sistema dinâmico do psiquismo pouco discutida no texto freudiano), também emerge como um processo defensivo. A consciência é uma criação do indivíduo visando à evitação do desprazer e à manutenção de certo equilíbrio econômico, possibilitados pela constituição de um *Eu-realidade*.

No texto de 1911,[74] os limites entre a consciência e o inconsciente como processo dinâmico da constituição do psiquismo aparecem, por vezes, de formas não precisas, mas Freud já indica neste momento alguns dos pressupostos mais importantes do funcionamento psíquico, tanto do ponto de vista tópico quanto dinâmico e, especialmente, econômico.

---

[74] Freud, S. "Formulações sobre os dois princípios do funcionamento mental".

A consciência capta, primeiramente, as qualidades de prazer e desprazer inconscientes, que são as do funcionamento mais primitivo do psiquismo. Depois, integra como decorrência alguns órgãos sensoriais a ela vinculados em sua relação com a realidade externa. O protótipo da atividade psíquica é a alucinação. Esta resulta de uma resposta necessária criada pelo bebê para poder reapresentar o objeto do desejo que não comparece ou se oferece para suprir suas exigências internas. Freud considera a alucinação como uma forma primeva de pensamento que se mantém inscrita no psiquismo por meio de resíduos mnêmicos, podendo ser observada nas psicoses e nos fragmentos dos pensamentos oníricos dos indivíduos. Depreende-se, pois, que a alucinação é uma criação humana e, ao mesmo tempo, de cunho universal e singular. Universal porque responde como uma defesa contra o desprazer presente em todos os bebês, e singular porque as formas alucinatórias, estando submetidas ao recalque, organizam-se distintamente para cada sujeito.

Esta é uma das questões que persistem em Freud: qual o caráter originário do pensamento humano? Por estar vinculada a uma exigência de autopreservação, Freud acredita que haja, na alucinação, alguma dimensão de ordem filogenética. A economia pulsional do indivíduo comporta instrumentos que não somente buscam o prazer, mas também buscam se proteger da dissolução desse prazer sem fim. Por meio da alucinação, como uma fantasia primeva, constituída de marcas sensoriais primitivas ativadas diante das exigências internas, cria-se a defesa primordial. O termo defesa é compreendido muitas vezes como equivalente a sintoma. A defesa, entretanto, pode tomar outros rumos diferentes dos sintomas, como, por exemplo, o da sublimação. A criatividade pode se exercer como uma forma de defesa e parece que esta se encontra presente, implicitamente, na teoria freudiana, quando ela aponta para as singularidades que sustentam o caráter alucinatório de cada indivíduo.

Frente às exigências produzidas pelo mundo externo, os órgãos sensoriais têm que se desenvolver criando mecanismos de proteção que estão, por sua vez, vinculados à consciência. A alucinação, entretanto, não é capaz de suprir a satisfação esperada, e o Eu--realidade passa a se constituir de elementos cada vez mais complexos. A função da *atenção* desenvolve-se para encontrar no meio ambiente certas impressões sensórias, antes que estas possam afetar o indivíduo. Diante da necessidade de registrar essas impressões capturadas pela atenção desenvolveu-se a função da *memória*. Ambas as funções possibilitam que o recalque se manifeste por meio de uma *passagem de julgamento imparcial*,[75] que verifica ideias que possam se apresentar de acordo com a realidade inscrita na

---
[75] Ibidem.

memória e decide sobre sua veracidade. A função da *ação* é resultante de uma descarga motora do indivíduo que vai se adaptando às mudanças da realidade. Originalmente, os movimentos do sujeito em direção à realidade exterior se apresentavam preferencialmente como mímica e manifestações de afeto. Também submetida ao recalque, a *ação* possibilita a criação do *pensar*, que se caracteriza pela capacidade de criar instrumentos que possam regular as vias pulsionais. Contudo, esse pensar, descrito por Freud, é uma forma de pensamento vinculada a fragmentos verbais. Ele se constitui da união de um pensar inconsciente, formado tanto por representações calcadas em impressões e relações de objetos não vinculados à palavra quanto por esses resíduos verbais. Pode-se descrever um modelo hierárquico não esquematicamente explícito na teoria freudiana por meio da seguinte sequência ontogenética: percepção/pensar, atenção, memória, ação, pensamento/linguagem.

Do ponto de vista econômico, o psiquismo apresenta uma tendência à fixação a uma fonte de prazer a qual resiste fortemente a renunciar. Essa resistência diante do princípio da realidade cria uma cisão no pensamento e uma de suas vertentes permanece vinculada ao princípio do prazer. Esta vertente da atividade psíquica que renuncia à realidade externa cria a capacidade de fantasiar. A origem da fantasia se encontra no brincar infantil e se transforma em devaneio, num período posterior, com a característica de não mais prescindir de objetos reais.

A fixação ao prazer proporcionado pelo objeto sexual faz com que o sujeito tenda a reencontrá-lo e a retê-lo na imaginação. Deste modo, o sujeito cria uma barreira à realidade externa. Por um lado, o eu-prazer busca incessantemente o desejar, enquanto o eu-realidade se organiza em função de evitar danos, aspirando a benefícios. Essa forma de organização endopsíquica constitui-se como um dos fundamentos do material necessário ao funcionamento do pensamento religioso. Este supõe a ideia de recompensa, numa vida futura, para aquilo a que se renuncia no presente, sem, contudo, ser capaz de eliminar completamente o programa do princípio do prazer. A ciência se aproxima do resultado prometido pela religião ao produzir uma satisfação intelectual, além de prometer, tal como esta, um lucro prático no final da empreitada.

A educação também busca cumprir essas exigências do princípio de realidade em relação ao do prazer. A promessa, neste caso, reside no amor dos educadores diante do esforço da renúncia ao prazer e no desenvolvimento do eu-realidade. O encontro mais aproximado entre os dois princípios é possibilitado por meio da arte. Para Freud, o artista reluta em renunciar às exigências pulsionais em detrimento da realidade, permitindo-se mantê-las em liberdade na vida de fantasia. Por meio da arte, o artista promove transformações na realidade que podem ser compartilhadas com outros. A obra de arte revela renúncias pulsionais a que todos estão submetidos e que permitem ao público reencontrar o prazer por seu intermédio, por meio da fruição do conteúdo da obra.

Os processos inconscientes constituem-se em uma realidade baseada no princípio do prazer. É a partir desta realidade "interna" que os indivíduos tendem a interpretar a realidade externa e projetar seus desejos. Por conta disso, as pessoas resistem a abandonar suas fantasias, as quais acabam por se confundir com as lembranças que se tornaram inconscientes. A fantasia que constitui o sintoma, por estar vinculada ao princípio do prazer, não pode ser considerada como desprovida de realidade. Trata-se de uma produção imaginária vinculada às experiências de satisfação que, um dia, foram recalcadas.

As fantasias inconscientes dos histéricos, por exemplo, apontam para a intensidade de sua força no sentido de produzir sintomas. O psiquismo inicial do sujeito é inconsciente e pode manter-se assim ou avançar até a consciência, em função do encontro deste com as resistências. Com o surgimento destas últimas, diferenciam-se os pensamentos que podem aparecer na consciência (pré-consciente) dos que não podem surgir nesta instância (e que permanecem inconscientes).

A estrutura da psicanálise repousa sobre um fundamento básico que é o recalque. A resistência e a transferência são dois processos que se fazem presentes durante o caminho da resolução do sintoma. Num primeiro momento, a teoria do trauma prevalecia no pensamento de Freud. Posteriormente, como vimos, a teoria do trauma realmente vivido pelo paciente dá lugar à teoria da fantasia. Num terceiro momento, diante dos desafios postos pela clínica, Freud estabelece que as lembranças podem se tratar tanto de fantasias quanto de fatos realmente acontecidos na infância. Mais ainda, tanto fantasias quanto lembranças podem também se constituir de um misto de situações verdadeiras com elementos falsificáveis. Todo esse complexo de possibilidades que o indivíduo recorda traz consigo um emaranhado de fantasias que necessitam ser decifradas com muito cuidado. A fantasia que sustenta a fixação da libido do sujeito pode estar calcada tanto num trauma realmente acontecido quanto numa elaboração imaginária. Contudo, para o indivíduo, o que realmente importa é que a sua realidade psíquica é aquela que o afeta e que tem estatuto de verdade para ele próprio.

Hans e as fantasias infantis

Freud não teve oportunidade de analisar crianças. No entanto, seu texto clássico sobre a análise de uma fobia infantil, o "Pequeno Hans", trouxe muitas contribuições à questão da construção das fantasias no psiquismo infantil; bem como ao tema das estratégias de intervenção clínica mais precoce. A realização desse trabalho foi possível por meio dos relatos feitos a Freud pelo pai do menino. Algumas das teorias mais importantes do pensamento freudiano foram alicerçadas a partir deste caso clínico, sendo o tema das fantasias um dos seus principais sustentáculos.

Não se pretende aqui retomar todo o caso clínico, mas apontar para as contribuições que dizem respeito ao tema das fantasias. O complexo de castração foi ganhando envergadura teórica por meio das produções sobre Hans, relatadas a Freud por seu pai. Nas análises deste caso clínico, é possível identificar uma ausência da função simbólica do pai demonstrada por sua excessiva condescendência para com o menino. Tudo tinha que ser demasiadamente conversado para ser compreendido. As dúvidas de Hans eram as dúvidas do próprio pai. Nesse sentido, a análise feita por intermédio do pai funcionou como a construção do lugar simbólico paterno, que Freud ajudou a ser instaurado. A castração passa a ser compreendida, posteriormente, não como algo remetido ao pênis, mas à interdição paterna como proteção e limite. E era exatamente o que Hans demandava.

Hans apresenta uma fantasia de castração relacionada ao pênis que é muito característica das teorias infantis. Os meninos resistem a acreditar que "um outro" não possui o mesmo que ele. Isso porque ainda não há conhecimento suficiente para compreender a existência de dois sexos. Até então, só existe um: o dele. A compreensão de que os meninos têm medo de perder o que possuem, por entenderem que "o outro" (as meninas) possa ter perdido o próprio pênis, é geralmente vinculada, imaginariamente, à transgressão das leis impostas pelos adultos – em função do desconhecimento da vagina. Dessa forma os meninos passam a se proteger e, em muitos casos, a negar a existência de uma diferença sexual. Essa constatação pode levar tanto a uma fantasia de negação da mulher quanto a da existência de um ser completo, composto de pênis e seios. Estas são formas presentes no imaginário adulto que podem se constituir na primeira infância.

A intensidade da restrição dos meninos à masturbação infantil forma uma repressão que tem que se basear em alguma fantasia, com os conteúdos justificados pelos adultos. Muitas vezes, os significados dessas fantasias se encontram nos resíduos do que foi dito, como por exemplo: "vou arrancar e dar para o cachorro", "ele vai cair de tanto você puxar", "tire a mão daí que é muito perigoso".

A ansiedade infantil aparece regularmente, sem objeto específico, como resultado de uma pulsão erótica recalcada. A criança pode apresentar diferentes comportamentos, tais como recusar-se a se afastar de casa, ficar sozinha ou andar na rua mesmo acompanhada, por exemplo. Ela sente, mas não consegue expressar o que sente a não ser por formas de comportamento interpretadas pelos adultos. Pode-se dizer que há uma fobia infantil estruturante do psiquismo, que pode ser verificada no desenvolvimento de quase todas as crianças: Antonio, de 5 anos, não conseguia sair de casa. Sentia muita angústia quando tinha que atravessar qualquer porta que levasse à rua. Paralisava, aterrorizado diante da iminência de ter que dar mais um passo fora de casa. Esse medo afetou toda a família. Observou-se, entretanto, que Antonio era impedido, no seu dia a dia, de brincar com objetos que parecessem armas, representassem lutas ou expressassem agressividade, em virtude de valores religiosos familiares. Na primeira consulta, Antonio vê uma espada no consultório e começa a lutar com "bichos" imaginários que se encontravam em todos os cantos da sala. Sua expressão agressiva começa a manifestar-se e, assim, também sua capacidade de se defender. A brincadeira o ajuda a construir uma elaboração de potência por meio da fantasia de matar os bichos, incessantemente. Após um mês abandona a espada e quer brincar com outras coisas. Já consegue sair de casa e atravessar a porta imaginariamente intransponível. A possibilidade de expressar-se por meio da fantasia, na brincadeira, permite ao menino o contato com sua própria agressividade e, por consequência, com a capacidade de se defender. Esse é um fragmento de um caso clínico muito mais amplo. Mas a elaboração de uma parte desse complexo contribui para desfazer uma fobia aterrorizante que se supõe estar relacionada ao medo de ter medo.

Muitas críticas são feitas à teoria do complexo de Édipo. Contudo, o trabalho clínico confirma, diariamente, alguns pontos relevantes dessa dinâmica do psiquismo. Entre eles, a questão fóbica aos quatro ou cinco anos e um certo retorno dessa questão no período entre os 8 e 10 anos de idade, coincidindo com a entrada da criança na puberdade e pré-adolescência. Os psicanalistas que trabalham com a clínica infantil e infantojuvenil podem testemunhar a grande incidência de fobias em ambos os períodos, cujos conteúdos quase sempre estão relacionados ao tema da separação e da identificação com a figura paterna.

Freud reconhece na angústia uma característica muito importante do funcionamento psíquico que, na contemporaneidade, vem ganhando maior expressão na forma do transtorno de ansiedade denominado de síndrome do pânico. Trata-se do fato de que o estado de angústia é capaz de absorver todos os outros sentimentos, na medida em que, "com o progresso do recalque, e com a passagem ao inconsciente de boa parte das outras ideias que são carregadas de afeto e que foram conscientes, todos os afetos podem ser transformados em angústia".[76]

---

[76] Freud, S. "Análisis de la fobia de un niño de cinco años", p. 31. Tradução do autor.

Uma das formas de expressar a ambivalência de Hans para com o pai é verificada por Freud em duas angústias que se apresentam na relação edípica: a primeira é o medo do pai, em função dos desejos hostis que lhe são dirigidos; a outra ocorre em virtude dos sentimentos amorosos e do medo de uma possível perda do amor do pai. O trabalho clínico revela que essa ambivalência pode permanecer por toda a vida do indivíduo. Contudo se observa que, quanto maior a dúvida sobre o amor paterno, maior será a dificuldade do filho em expressar suas discordâncias e insatisfações para com esse pai. Pode-se constatar, nos dias atuais, um relato muito comum das mães: os filhos se queixam com elas de que os pais não cumprem o que prometem. Especialmente em casos de pais que não assumem a função simbólica paterna. Nesses casos, é muito comum que os filhos não consigam se posicionar com suas queixas diante do próprio pai. Os próprios jovens, em sessões de análise, apontam para a dificuldade de expressar suas discordâncias mais firmemente diante dos pais. Temem perder seu amor e, em função disso, se submetem aos seus desejos (ameaça de abandono). Paradoxalmente, quando um filho reage, confrontando-os, muitas vezes, com expressões de raiva ou demonstrando a sua insatisfação, é porque tem certeza do amor de seus pais. O amor pode conter o ódio, pode suportar a indiferença e sustentar um lugar que legitima a autoridade e o sentimento de proteção.

A ideia de um indivíduo que nasce somente com impulsos amorosos parece não ter lugar ao se examinar o psiquismo infantil. Hans alega claramente que preferia que sua irmã estivesse morta, pois, assim, ele não perderia seu lugar de atenção exclusiva. Esse ciúme entre irmãos é um dos temas mais antigos da civilização e apresenta-se diariamente na clínica infantil. As crianças expressam raiva diante de um irmão mais novo, tentam lhe infligir sofrimentos, muitas vezes ferindo-o e machucando-o. Ainda sobre esses impulsos agressivos, os educadores que trabalham em creches são testemunhas do comportamento das crianças em relação a bater, morder, pisar, jogar objetos, empurrar as outras etc. Freud afirma, ao final de *Totem e tabu*, que no princípio era o ato – é possível comprovar esses "'atos"' nos primórdios dos vínculos das crianças entre si. O que posteriormente será simbolizado e transformado em disputa verbal tem sua origem em atos que buscam causar dor. Um dado significativo no trabalho em creches é que, muitas vezes, o educador só percebe que uma criança foi mordida por causa de seus gritos. É impressionante como crianças tão pequenas (de um ano a um ano e meio de idade) já percebem no olhar o controle e a censura do adulto, e aguardam que este desvie sua atenção para que possam agredir o colega. Freud, inicialmente, não acreditava que pudesse haver uma pulsão agressiva especial, junto das de autopreservação e sexuais. Somente em 1920, em *Além do princípio do prazer*, é que passou a postular a existência dessa pulsão destrutiva.

Retomando a questão edípica, Hans expressa claramente, num determinado momento, que queria ter filhos e gostaria que sua própria mãe fosse mãe deles. Seu pai seria o avô e a mãe do pai seria a avó. Como disse Freud, Hans resolveu sua questão edípica ficando com a própria mãe e sugerindo que o pai ficasse com a mãe dele (do pai). Apresenta-se aqui um criativo destino da fantasia de uma resolução edípica.

A imaginação está presente nas crianças em formas não arbitrárias de pensamento, ao contrário do que comumente pensam os adultos. Ela é provida de sentidos e dúvidas que produzem afetações específicas. Não confiar no pensamento infantil porque se revela como fantasia é equivalente a não confiar nos adultos em função dos seus preconceitos. A criança que pergunta já sabe a resposta, pois o motivo que a inquieta já se apresenta inteiro. O que ela busca, em geral, é uma confirmação. E quando o adulto cria uma ficção, ou uma mentira, para explicar um fato, a criança recebe essa informação com uma certa dose de ceticismo e de descrença naquele que fala. Julga que seu pensar infantil deve ser preservado por ela mesma, na medida em que não encontra uma confirmação ou resposta plausível para suas dúvidas na linguagem dos adultos.

Em função dessa busca por uma resposta compreensível, observa-se a permanência do infantil na análise com adultos. A medida certa do que deve ou não ser dito, interpretado ou antecipado a um analisando somente pode ser construída na própria análise. De todo modo, em maior ou menor grau, todos necessitam de uma acolhida interpretativa que possa ajudar o sujeito a compreender um pouco o seu processo inconsciente. Hans pôde expressar e elaborar suas fantasias por meio daquilo que também lhe era transmitido pelos pais, numa tentativa de ajudá-lo a compreender o incompreensível que irrompia como angústia. O excesso de interpretações por parte do analista é que pode causar uma inibição subjetiva por parte do analisando.

A concepção de que uma fantasia diz respeito a um único conteúdo é um equívoco. Cada fantasia engendra muitas outras que, em um determinado conjunto, podem formar um complexo unindo alguns dos temas originários e outros decorrentes das experiências da criança com seu meio. Não se dissolve um sintoma revelando uma única fantasia, mas sim um conjunto de associações que vão se constituindo gradualmente no psiquismo humano. Nesse sentido é que a psicanálise não tem uma solução exata para cada sintoma, nem uma resposta imediata para resolver um conflito. Numa condição psíquica constituída por complexos de representações e afetos sob uma forma imaginária, e em sua quase totalidade inconsciente, cada elaboração desvenda um novo sentido que encontra novos significados, transformando os sintomas de forma também gradual.

O Homem dos Ratos

O caso clínico[77] que se tornou conhecido como "O Homem dos Ratos" aponta para uma série de questões sobre a neurose obsessiva. Optamos por nos concentrar aqui nos pontos mais pertinentes à questão da constituição do pensamento obsessivo e suas relações com as fantasias, seus vínculos com o infantil e suas manifestações em obsessões e compulsões.

Na origem da sintomatologia, o paciente relata a Freud as impressões infantis por ocasião de suas constantes ereções e das indagações feitas à mãe para entender o que as motiva. O paciente sabia, em algum nível, que as ereções tinham algo a ver com outras ideias e perguntas que o atormentavam, tais como o desejo de ver nuas algumas moças que o atraíam. Ao mesmo tempo, o rapaz sentia que deveria evitar as ideias para que não acontecesse nenhuma desgraça a alguém. Para isso, teria de criar mecanismos defensivos em relação a esses desejos. Falar com a mãe sobre as ereções equivalia a uma percepção (uma fantasia ou crença) de que seus pais seriam capazes de ler seus pensamentos. E é nesse complexo de ideias e afetos que ele supõe ter iniciado seus sintomas.

A fantasia/ crença infantil de que os pais possam ser capazes de ler seus pensamentos apresenta-se como

---

[77] Freud, S. "A propósito de un caso de neurosis obsessiva".

uma precondição universal da constituição psíquica. E isso parece ser bem compreensível, pois a crença se inicia muito cedo por meio da capacidade da mãe em compreender (ou não) as necessidades de seu bebê. Esse diálogo inconsciente constituído de ícones, índices e símbolos primários é um precursor do pensamento pelo qual o sujeito supõe que o outro possa ser capaz de compreendê-lo, quase como uma telepatia, uma comunicação baseada em vínculos primitivos e que podem ser ou não mantidos durante a infância e o resto da vida. A crença de que os pais podem ler os pensamentos e reconhecer os desejos não verbalizados é reciprocamente relacionada à capacidade que a criança possui de também poder ler o que seus pais pensam, mesmo que eles digam outra coisa. Uma comunicação entre inconscientes é primária e passa a ser gradualmente substituída pelos mecanismos pré-conscientes e conscientes, apesar de serem duas formações diferenciadas de um todo maior que é o inconsciente.

A força dessa comunicação inconsciente e da capacidade que a criança tem de reconhecê-la pode ser exemplificada por uma história clínica de uma mulher que buscou uma analista com a queixa de que sua filha de três anos e meio ainda não falava. Na primeira entrevista, compareceram ambas, mãe e filha. A menina sentou-se numa cadeira e manteve-se calada, atenta à conversa entre a mãe e a terapeuta. A jovem mãe começou a descrever os antecedentes históricos da filha: sua gravidez, o parto, enfim, sua vida como mãe. Afirmava que todo o histórico da menina era excelente, sem problemas de saúde ou de desenvolvimento, exceto o fato "de ele" não falar. Nesse momento, a terapeuta interrompe e pergunta à mãe: "De ele quem?" Surpreendentemente a menina responde de forma clara, rompendo seu silêncio: "Ela está falando 'dele', do meu irmão que morreu." Por um momento parecia ter-se rompido, com suavidade e a mais profunda intensidade emocional, uma corrente aprisionante. A mãe olha para a filha completamente surpresa e emocionada. Após alguns instantes diz: "Ela está falando do meu filho que morreu." E cai em prantos copiosamente, abraça a filha e chora durante longo tempo, profundamente emocionada. A terapeuta acompanha e testemunha silenciosamente a expressão de uma dor muito intensa que era mantida sob controle, um luto que não parecia poder ter se dado tal a dimensão da perda. A perda de um filho por parte de um pai ou uma mãe talvez seja uma das maiores dores que alguém possa suportar. E a menina silenciava sobre esse lugar de tamponamento de um irmão morto. Naquele momento, a menina rompeu com o silêncio e instaurou o próprio nascimento. Provavelmente sentiu-se segura e pronta. Ela sabia o que a mãe pensava, mas não podia dizer e se calava. O sintoma da criança não era de fala, mas sim de interdição de falar. A criança dialoga com a mãe inconscientemente. Nos primórdios da relação mãe/bebê, o que um sente, o outro capta. Trata-se de um pensar constituído num diálogo inconsciente. E essa forma de pensamento inconsciente pode ser, em maior ou menor grau, mantida presente na vida adulta.

A fantasia como realização de desejo necessita de medidas protetoras, tais como sanções, para que não possa ser realizada. E, na neurose obsessiva, essas sanções podem tomar um significado aparentemente desconexo, o que faz que o indivíduo pareça quase padecer de um delírio. Encontram-se nesta configuração neurótica, pois, duas formas de fantasias: a que busca realizar o desejo e aquela que se transforma em medida punitiva. Ambas são articuladas a um traço de realidade.

As fantasias de infância de que os adultos se lembram remontam a cenas traumáticas nas quais estavam presentes e cujos conteúdos inconscientes postos em cena podem variar quando versões dessa mesma cena retornam sob transferência na análise. Nesses casos, deve-se ressaltar que não se trata de realidades históricas, mas sim de lembranças encobridoras que se encontram deslocadas, em lugar de outras mais primitivas, geralmente constituídas de desejos do próprio indivíduo e, em muitos casos, projetados sobre outros que foram seus objetos de amor. Muitas construções fantasiosas de atentados e seduções surgem como uma resposta para as atividades autoeróticas, e as carícias e punições que as estimularam. Há, entretanto, que se considerar que possa também haver fantasias de conteúdo sexual, que se constituíram por experiências traumáticas agressivas do ambiente sobre a criança, tais como o abuso sexual e os maus-tratos no cuidado infantil.

Fantasia como atividade psíquica: sintoma

Em síntese, é possível situar a fantasia e o sintoma sob três dimensões constituídas historicamente. A primeira surge na compreensão de que os sintomas e traumas dos histéricos remontam a ficções, a cenas fantasiadas.[78] No entanto, essas cenas analisadas por Freud não eram destituídas totalmente de realidade prática e se constituíam como realidade psíquica. Os sintomas histéricos são formações produzidas pelas fantasias inconscientes, que se expressam por meio da conversão. As fantasias podem tanto ter sido sempre inconscientes quanto tornadas inconscientes, diante da ação do recalque. A vinculação com a vida sexual é de fundamental relevância, no sentido em que a fantasia inconsciente do adulto é idêntica àquela que, durante o denominado período de masturbação, lhe serviu de satisfação sexual. A fantasia autoerótica e as subsequentes, vinculadas ao amor e ao desejo objetal, recobrem diversos sintomas de acordo com as constituições

---

[78] Freud, S. "Fantasias histéricas e sua relação com a bissexualidade".

dos sujeitos e as contingências singulares associadas à obtenção do prazer e à evitação do desprazer.

Num segundo momento, Freud[79] afirma que o sintoma é fruto de um conflito de forças dentro do psiquismo. As fantasias construídas em análise são – em sua maior parte – uma produção composta de verdades e falsificações. Certas vezes, os sintomas podem representar algo que realmente tenha sido vivido, produzindo uma fixação da libido recoberta por uma fantasia. De uma forma geral, "as fantasias possuem realidade psíquica, em contraste com a realidade material... no mundo das neuroses, a realidade psíquica é a realidade decisiva".[80]

Freud dá o nome "introversão" ao processo de retração da libido para as origens da fantasia inconsciente, que se torna, assim, um processo intermediário para a formação dos sintomas. Freud dirá que um introvertido não é bem um neurótico e que, diante das forças em conflito, poderá ainda encontrar escoadouros para sua libido represada. Caso contrário, produzem-se sintomas. Está, assim, estabelecida outra dimensão econômica do psiquismo.

O artista é o exemplo referenciado de introversão, capaz de realizar o encontro da fantasia com a realidade

---

[79] Freud, S. "Os caminhos da formação dos sintomas", conferência XXIII de *Conferências introdutórias sobre a psicanálise*.
[80] Ibidem, p. 430.

por meio da criação. O que entra em jogo na dinâmica do psiquismo é o que fazer com o excesso pulsional. Seria possível à sublimação responder a essa demanda libidinal? Responder a esta questão torna-se a principal ocupação de Freud até o fim da sua obra: compreender esse obscuro objeto que é a pulsão.

Contudo, um terceiro momento parece distinguir-se dos dois primeiros, especialmente por romper a relação de continuidade entre a fantasia e o desejo. Trata-se do estatuto das fantasias descritas em "Uma criança é espancada",[81] em especial no segundo tempo, cuja fantasia é uma construção em análise. Esta fantasia encontra-se fora do estatuto da neurose, pois se trata de uma fantasia masoquista.

Três formas de constituição do masoquismo[82] retomam o aspecto traumático sob a forma de um imperativo categórico, ao qual o sujeito se vê submetido. Descritos por Freud como erógenos ou primários, femininos e morais, são postulados como rumos que a pulsão agressiva assume em três momentos distintos do desenvolvimento. O primeiro é devido a um trauma por conta de um excesso pulsional que retorna ao próprio corpo do sujeito; o segundo constitui-se como uma agressividade que reforça um lugar de submissão

---

[81] Freud, S. "Uma criança é espancada: uma contribuição ao estudo da origem das perversões sexuais".
[82] Freud, S. "O problema econômico do masoquismo".

do sujeito em relação ao amor do pai, numa união de amor e ódio; e o terceiro diz respeito à relação do Supereu com o Eu, mais particularmente nos casos em que a identificação superegoica é extremamente cruel com o Eu. Estas três formas de fantasias masoquistas estão presentes como os sintomas mais resistentes ao trabalho de análise, tendo que ser, muitas vezes, elaboradas a partir da construção solidária entre o sujeito e o analista.

Em um de seus últimos textos, o artigo "Construções em análise", Freud se pergunta se a fantasia que possibilita uma construção do analista não é equivalente ao delírio, no sentido de ser faltosa da realidade. Construções efetuadas no tratamento analítico buscam, a partir de fragmentos de realidade, um sentido de explicação e de cura do sintoma pela recuperação de material da experiência perdida. Ao analista cabe enfrentar a tarefa de revelar as conexões entre o conteúdo que é rejeitado no presente e aquele do recalque original. A humanidade também construiu delírios que contradizem a realidade, e que, no entanto, exercem um enorme poder sobre os homens.

6. FANTASIA NA BRINCADEIRA, NO DEVANEIO E NA COMPULSÃO À REPETIÇÃO

> *"Passado, presente e futuro são como as contas de um colar encadeado pelo desejo."*
>
> (Sigmund Freud, 1907)

A importância do brincar na constituição do psiquismo é uma das contribuições mais importantes da teoria freudiana. A descoberta da sexualidade infantil abriu caminho para se pensar toda a gama de construções que o sujeito realiza desde a mais tenra infância, ainda em seus primeiros momentos de vida, até a manutenção desse estado infantil no psiquismo adulto (sob uma forma inconsciente e constituído pelo conteúdo imaginário denominado de fantasia). A psicanálise descobriu que a vida psíquica dos adultos tem origem na infância, o que levou Freud a afirmar que a criança é o pai do homem.

O brincar infantil é percebido por Freud como o processo que organiza a percepção da realidade por meio da realidade psíquica. As primeiras abordagens sobre a importância do brincar aparecem em *Três en-*

saios sobre a teoria da sexualidade. Nesse texto, Freud descreve o prazer que as crianças sentem nos jogos infantis quando vivenciam (consigo mesmas ou com os outros) os movimentos mecânicos de balançar e serem jogadas para cima. Esse prazer pelo movimento se desdobra na percepção do ato de ninar e nas brincadeiras de faz de conta, sendo que nesta última a fantasia já comparece de forma representativa (imitar algo ou alguém). Dentro desse contexto, o jogo é considerado como uma atividade sexual.

Um aspecto importante, ressaltado no texto citado, é que essas experiências fantasiadas pelas brincadeiras motoras das crianças podem causar imenso desprazer nos adultos. Freud compreende que tonturas, náuseas e ansiedades se manifestam em função da repressão desse prazer infantil. Alguns sintomas, tais como a agorafobia e as alterações da marcha, podem estar relacionados à repressão à qual é submetido o prazer sexual do movimento. A compreensão da origem do psiquismo em sua relação com o brincar esclarece e inaugura o trabalho psicanalítico com crianças e, ao mesmo tempo, revela a importância da dimensão lúdica na clínica com adultos.

Fantasia, criação e devaneios

Escritores criativos e seus devaneios é o primeiro artigo dedicado exclusivamente ao papel da criação, do brincar e da fantasia na obra freudiana. Sobre o processo criativo dos escritores e dos poetas, Freud apresenta duas questões. A primeira trata da forma como o escritor consegue afetar o leitor, despertando emoções das quais ele jamais havia se dado conta. A segunda diz respeito ao fato de que não é suficiente estudar, compreender o papel da literatura e/ou de outras artes, para se tornar um escritor criativo. O criador não pode explicar como e por que cria. Ele simplesmente o faz. Essa analogia da capacidade criativa pode ser estendida também aos profissionais de outras áreas (esporte, ciência etc.) que produzem uma nova estética, rompem parâmetros estabelecidos e criam novas formas de ser e agir. É possível estabelecer uma dimensão da criação para além do campo dos escritores e pensar a função da arte na constituição do psiquismo humano. E Freud, nesse texto, por meio da literatura, busca atingir outros patamares da esfera psíquica. Com o infantil novamente presente nos arcabouços da constituição psíquica, ao falar sobre o papel do brincar e da fantasia, Freud apresenta um estudo de extrema importância para a psicanálise, a psicologia e muitas outras áreas da educação e da clínica, tanto de crianças quanto de adultos.

De onde vem o material criativo? Esta parece ser uma pergunta que insiste e persiste por toda a obra freudiana e pelas de outros autores também. Trata-se de uma indagação universal. É necessário esclarecer que, sob a denominação "escritores criativos", Freud reúne aqueles que conseguem produzir uma obra literária que alcance a expressão da complexidade do psiquismo humano em sua dimensão tragicômica, presente em todos nós. De certa forma, a capacidade criativa é possível a todos. Nas nossas profundezas, somos todos poetas.

O papel do brincar

Freud descreve o brincar como o protótipo da capacidade criativa. Os elementos da brincadeira fomentam a atividade potencial do fazer poético. E aquilo do que mais se ocupa a criança é a brincadeira. Durante o ato de brincar, não estaria a criança se comportando como um poeta, não estaria introduzindo elementos de seu próprio mundo em uma nova organização criativa, de forma a obter maior prazer? Contrapondo-se ao senso comum, Freud considera o brinquedo/jogo infantil extremamente sério e carregado de afeto. Se há algo a opor à atividade criativa do jogo, não se trata da seriedade, mas sim da realidade efetiva. Um dos pontos determinantes desta contribuição teórica consiste em Freud afirmar que, no brincar, a criança diferencia claramente a brincadeira da realidade. Afinal, utiliza elementos (objetos palpáveis e situações visíveis) de seu meio ambiente (o mundo real), ainda que os envolva com toda a carga afetiva que envolve a atividade lúdica. É precisamente essa capacidade de separar realidade de criação que diferencia o brincar do fantasiar.

Freud sugere que o poeta ou o escritor criativo faz o mesmo que a criança que brinca ou joga, ou seja, cria um mundo de fantasia levado a sério, investido de afeto e separado da realidade. Ambos constroem seus mundos a partir da fantasia, sabendo, entretanto, diferenciá-los de uma realidade efetiva, embora retirem os conteúdos dessa mesma realidade constituída por objetos palpáveis e situações vivenciadas.

A irrealidade do mundo do poeta/escritor tem um papel relevante para a criação artística. Criando um jogo de fantasia, o poeta/escritor pode afetar seus espectadores, gerando prazer e muitas excitações, inclusive as dolorosas (que não causariam prazer caso fossem reais). Nessa mesma oposição entre realidade efetiva e brincar, Freud assinala os esforços que, durante o crescimento, na passagem da infância para a vida adulta, têm de ser feitos para que o sujeito encare a vida com seriedade. Contudo, a capacidade de brincar não desaparece e pode ser revivida como estratégia, pelo adulto, para suportar o peso imposto pela vida. Neste sentido, o adulto pode acessar suas lembranças e usar o humor como via de acesso ao prazer – resquício das atividades lúdicas infantis.

Em princípio, o brincar causa prazer. O adulto se vê diante da necessidade de abandonar este prazer para encarar as situações cotidianas. Mas onde fica este prazer que, se foi experimentado, deixou um registro mnêmico na vida psíquica a que não se pode renunciar?

O que se pode fazer é trocar um prazer por outro. O que aparenta ser um ato de renúncia transforma-se, assim, num ato de substituição.

Seguindo esta linha de raciocínio de que não se renuncia ao prazer e que um substituto se faz necessário para dar conta desta satisfação, a criança, ao ir abandonando os brinquedos, não para, na verdade, de brincar. Os objetos da brincadeira podem até ser abandonados, mas o brincar se transforma no mundo dos castelos no ar, ou seja, em fantasia. Aqui, no entanto, a fantasia assume outro aspecto. Trata-se de um mecanismo presente na grande maioria das pessoas e que pode ser chamado de devaneios ou sonhos diurnos.

Ao comparar o fantasiar com o brincar, Freud assinala que, enquanto o brincar infantil é uma atividade que a criança pode realizar sozinha ou com outros companheiros, sem se preocupar se está sendo vista ou não, o fantasiar adulto tem como característica principal o fato de não ser revelado. O sujeito, por se sentir envergonhado, é capaz de expor publicamente antes as suas falhas do que seus devaneios. Assim como ocorre na brincadeira para a criança, o adulto cultiva sua fantasia como algo íntimo e profundamente valioso. Em virtude da ocultação da fantasia, o adulto crê que seu conteúdo seja único e que outros não compartilhem desse tipo de pensamento.

Ao relacionar a brincadeira, a fantasia e o desejo, Freud retoma a questão do que está oculto e do que está explícito nestas instâncias. A criança busca no brincar o desejo de ser *grande e adulta*, construindo no faz de conta o que conhece do mundo dos mais velhos. E não esconde esse desejo. O adulto, por sua vez, como descrito acima, não revela sua fantasia. Por um lado, há uma sociedade que exige que se comporte abrindo mão de brincadeiras e fantasias, de acordo com as exigências do mundo real. Por outro lado, e bem mais importante do ponto de vista da constituição do psiquismo, entre os elementos dos quais se constituem suas fantasias, muitos têm que ficar escondidos. Consequentemente, compreende-se que o cerne das fantasias dos adultos seja sempre infantil e, por meio da vergonha, proibido. O que possibilita desvendar essas fantasias nos adultos é a necessidade que eles têm de resolver seus conflitos neuróticos, vendo-se obrigados a elucidá-los por meio do tratamento psíquico.

A estrutura que sustenta a fantasia é constituída por uma dimensão temporal. Freud demonstra toda uma relação da fantasia com o passado, o presente e o futuro. Essa lógica temporal estabelece uma conexão profunda entre o sujeito que fantasia e o tempo; tempo que se funde num complexo de impressões que se aglutinam por meio do desejo. O sujeito que fantasia, em especial no devaneio, é afetado pelos elementos da experiência vivida, que vai deixando impressas no psiquismo as marcas temporais. A fantasia, como devaneio, vai se modificando de acordo com a passagem do tempo na história de cada sujeito. A percepção de futuro, para uma criança, é muito distinta daquela de um idoso. Diante da proximidade da morte, o idoso é afetado em sua capacidade de fantasiar e, por consequência, de desejar.

Os três momentos por onde oscilam nossas representações do fantasiar (devanear) são os seguintes: o motivo atual que provoca o despertar do desejo; a lembrança que remonta à memória mais primitiva – geralmente as infantis – em que este desejo foi gratificado e, por fim, a projeção para o futuro da representação dessa realização. Nas palavras de Freud: "Vale dizer, passado, presente e futuro são como as contas de um colar encadeado pelo desejo."[83] Quando proliferam muito e se tornam hiperpotentes para o indivíduo, as fantasias criam uma sólida base para as formações neuróticas e psicóticas, tornando-se os estados preliminares imediatos e penosos dos sintomas de que os pacientes mais se queixam. Este é um ponto considerado desviante do fantasiar, que é o gerador de "patologias".[84]

Freud descreve, então, a conexão entre os sonhos e o fantasiar/devanear. A sabedoria da língua, no seu caso a germânica, designa o devanear/sonhos diurnos (*Tagtraum*) como o referente aos castelos no ar dos

---

[83] Freud, S. "El creador literario y el fantaseo", p. 130. Tradução do autor.
[84] Ibidem, p. 131.

fantasiadores, enquanto o sonho propriamente dito (*Traum*) é uma produção equivalente, podendo ser revelado mediante interpretação, via psicanálise. Os sonhos não são outra coisa do que os próprios devaneios, contudo mais obscuros porque submetidos à repressão e tornados inconscientes. Conforme investigado na *Interpretação dos sonhos*, a distorção a que estes estão submetidos é produto da desfiguração onírica. Tanto os sonhos quanto os devaneios – as fantasias diurnas que cada um de nós conhece muito bem – são realizações de desejo.

Articulando o devaneio com a criação literária, Freud reconhece o Eu como o personagem central, o herói dos romances, que sobrevive a todas as dificuldades por que passa. No caso dos personagens que encarnam os "bons" e os "maus" encontram-se, respectivamente, aqueles que estão do lado do Eu e os que estão contra ele. A criatividade do escritor em construir vários personagens, na trama de um romance, expressa a capacidade de observar o fracionamento de seu próprio Eu, e de personificar as diferentes forças conflitantes que nele agem.

Os três tempos do desejo presentes na fantasia também se articulam na construção poética. Pode-se supor que o autor tenha sido despertado para uma ou várias situações provenientes das suas lembranças, geralmente de raízes infantis, das quais arranca o desejo que busca satisfação via criação poética. Dessa forma, não seria demasiado requerer que a criatividade dos escritores ou a criação poética, constituídas na base das lembranças infantis, não sejam mais do que produções comuns às do devaneio, ou seja, "continuação e substituto dos antigos jogos infantis".[85]

Dentro do conjunto de lembranças infantis provenientes do brincar ou dos jogos simbólicos, há que se considerar o papel desempenhado pela transmissão, organização e função imaginária dos mitos, das lendas e dos contos de fadas. Sobre os mitos, Freud pensa, nesse momento de sua obra, "serem vestígios distorcidos de fantasias de desejos de nações inteiras, os sonhos seculares da humanidade jovem".[86]

O psiquismo humano é fortemente influenciado pelo simbolismo das tradições e por isso também se apresenta nos sonhos sob uma forma inconsciente. A origem de tais tradições é transmitida por meio dos contos de fadas, das lendas, dos mitos, das anedotas, das músicas, dos filmes e diversas outras produções culturais que são, muitas vezes, internalizadas inconscientemente. Esse reconhecimento do simbolismo na constituição da vida psíquica aponta para a importância das produções culturais no imaginário do indivíduo. E como o poeta ou o escritor consegue afetar o leitor ou o espectador com sua criação?

---

[85] Ibidem, p. 134.
[86] Ibidem.

Ao falar de sentimentos que estão presentes em todos nós e que se fossem revelados abertamente causariam repulsa ou frieza, o poeta utiliza-se de uma estética que Freud chama de *ars poetica*, capaz de produzir prazer trabalhando com os mesmos elementos do devaneio. Freud afirma que o lugar da ficção gera um distanciamento estratégico das fantasias dos espectadores (proteção/defesa) e, ao mesmo tempo, revela algo que, de alguma forma, gera identificação e conforto no público, que se reconhece pertencente a essa dimensão tragicômica da condição humana. O prazer do espectador é denominado por Freud de "prêmio de estímulo" ou de "prazer preliminar".[87] O público, desta forma, está habilitado a obter prazer genuíno daquilo de que se envergonha ou que censura.

A infância não é propriamente o paraíso que os adultos costumam achar que é. A criança sente o desejo de crescer, pois quer fazer o que os adultos fazem, e isso se reflete no brincar sob as mais diversas formas. Os contos de fadas funcionam como lembranças encobridoras para as rememorações da própria infância em muitos adultos. No caso das crianças, funcionam como uma espécie de organizador do psiquismo, e são vividos com intensidade de realidade. A compreensão da importância desses contos populares na obra freu-

---

[87] Freud, S. "Os chistes e sua relação com o inconsciente".

diana permite que se entenda a relevância do simbolismo cultural na constituição psíquica dos sujeitos. Elementos que não pertencem à realidade infantil em geral ganham, entretanto, estatuto de realidade para cumprir uma função, tal como o papel do lobo, por exemplo, como um dos elementos causadores de medo, ansiedade ou fobia.

Reações que afetam o sujeito diante de uma obra de arte nem sempre são compreensíveis do ponto de vista racional. Certas impressões artísticas podem causar comoção nas pessoas sem que se tenha a compreensão do porquê dessa afetação. Em relação aos professores, Freud observa a tendência infantil de transferir-lhes o respeito e a expectativa correspondente a seus próprios pais, e a tendência a tratá-los como tais. A ambivalência se mantém presente na relação mestre e aluno. Interessante observar que, como o interesse freudiano está centrado mais nos processos inconscientes e emocionais do que nos intelectuais, é possível constatar, na relação do indivíduo adolescente e adulto com os professores, uma transferência desta mesma ordem. Não raro, observam-se sentimentos de rejeição, desafio, agressões, paixões, inibições, inveja, tentativa de destituição da autoridade e do saber. Muitos sentimentos que perpassam a relação professor/aluno não são compreendidos por nenhum dos dois.

Fantasia como consolo

As fantasias, o tempo e a realidade são elementos essenciais para a constituição dos devaneios. Pode-se criar uma metáfora para designar os devaneios: uma reserva de esperança em busca de uma ilusão de felicidade, que o sujeito constrói para poder suportar as frustrações e as privações impostas pela realidade. Essa possibilidade é viável por meio do próprio funcionamento do psiquismo, que cria estas fantasias como uma defesa vital e plena de sentido para justificar a existência, o que torna possível afirmar que os devaneios são o lugar onde repousa a tão aspirada felicidade. E não há como negar serem eles que, diante de situações aflitivas e cruéis, produzidas por certas realidades, criam um canal de escoamento para o sofrimento pela via da ilusão, de um sonhar acordado, de um sonho diurno.

A obra de arte é capaz de produzir estratégias que levam o sujeito a se deparar com suas próprias fantasias. Uma boa ilustração disso pode ser encontrada no filme *O labirinto do fauno*.[88] O diretor envolve o espectador de tal forma que não se sabe se o que se vê é realidade ou fantasia. Tal experiência é produzida pelo olhar da personagem, uma jovem menina que, com seus devaneios que beiram delírios alucinatórios,

---

[88] Filme espanhol do diretor Guillermo Del Toro, *El labirinto del fauno*.

busca encontrar uma saída para a realidade cruel que a cerca. Em meio à Guerra Civil Espanhola, o espectador depara-se com cenas do que há de mais cruel e mais sublime, revelando a possibilidade da coexistência de tais opostos. O público é sutilmente envolvido na dúvida que a trama revela, produzida pelos devaneios ou delírios alucinatórios que a personagem vivencia na busca daquilo que representa sua felicidade. É nesse lugar que a obra de arte toca o intocável do inconsciente, produzindo um encontro com o que está silenciado ou obscurecido, mas não ausente, que é o encontro com o próprio devaneio do espectador.

Os devaneios são processos da imaginação que surgem no período anterior à puberdade, para substituir com fantasias conscientes e pré-conscientes os objetos do brincar. O que era brincadeira transforma-se em devaneio. O brincar, como uma expressão aberta e exposta da fantasia infantil, torna-se um segredo da consciência ou do pré-consciente. Também pode constituir-se como fantasia inconsciente que, por meio do recalque, fornece o material necessário para a construção dos sonhos noturnos. Distinguem-se, assim, os sonhos noturnos dos sonhos diurnos.

Os devaneios – esses sonhos diurnos – são produções imaginárias nas quais os sujeitos realizam seus desejos, o que é bem familiar a todos os humanos. Eles se modificam de acordo com as diversas fases da vida: o que um jovem constrói para si é muito diferente do que uma pessoa mais velha é capaz de sonhar acordada. Nos devaneios juvenis, há todo um mundo a ser descoberto e construído que, no trânsito para outras fases da vida adulta, necessita ser ressignificado. O tempo cumpre um papel importante na dinâmica dos devaneios. Por outro lado, certos sujeitos podem fixar-se de tal forma em seus devaneios, criando uma realidade tão particular, um mundo imaginário tão cristalizado, que acabam por transformá-los em sintomas (ou inibições, conforme a interpretação do leitor). Na sua dimensão dinâmica, o devaneio é uma produção do fantasiar que se vincula ao princípio do prazer, diferenciando-se do princípio da realidade. E, assim como um devaneio pode produzir material para a produção criativa em todos os sentidos, também pode se manifestar como uma expressão de resistência ao princípio de realidade. A capacidade de vincular o princípio do prazer ao da realidade é que pode produzir a sua transformação em criatividade.

A fantasia, o brincar e o para além do princípio do prazer

A repetição continua a ser um dos focos das indagações de Freud sobre a resistência que persiste em certos sintomas. Em seu artigo "Recordar, repetir, elaborar", Freud já demonstrava que aquilo que não podia ser lembrado pelo paciente era atuado, ou seja, repetido em atos. O fenômeno da repetição se mostrava cada vez mais presente na clínica. Ele se manifestava na forma de um conteúdo bastante resistente a mudanças e em certa tendência dos indivíduos a se gratificar com seus sintomas.

Sob a ótica do brincar infantil, certa repetição já se anunciara no interesse insaciável que as crianças demonstram diante dos jogos, das histórias que lhe são contadas e, mais contemporaneamente, de filmes e músicas que tendem a repetir uma experiência de prazer. Tudo isso parece conter os elementos propícios às fantasias que sustentam uma experiência de satisfação – mesmo que entre esses elementos existam enredos que possam causar sentimentos de desprazer, tais como medo, tristeza e raiva, por exemplo. Contudo, mesmo esses elementos podem estar a serviço do princípio do prazer. A diferença entre o processo do brincar e a encenação artística dos adultos é basicamente que esta última é uma manifestação que se dirige a um espectador, produzindo nele a possibilidade de experimentar situações dolorosas sob uma forma prazerosa. Ambas se encontram sob o domínio do princípio do prazer.

Há, contudo, outra classe de jogos e brincadeiras que apontam para uma nova forma de repetição que Freud, em *Além do princípio do prazer*,[89] denominará compulsão à repetição. Antes de descrevê-la, torna-se

---

[89] Freud, S. *Além do princípio do prazer*.

necessário esclarecer alguns pontos. Diante das dificuldades relatadas por seus pacientes, Freud questiona a até então hegemonia do princípio do prazer e passa a reconhecer a existência de outras forças no psiquismo. Ao introduzir a noção de princípio de realidade, Freud concebe a existência de um mecanismo compensatório que visa à obtenção do prazer por outras vias, incluindo a estratégia de uma tolerância provisória ao desprazer.

Observa-se, entretanto, que a direção das pulsões sexuais é sempre a da obtenção de prazer. Durante o processo de desenvolvimento, certas pulsões inatas, buscando satisfação, têm de ser submetidas ao recalque em virtude das exigências e pressões do meio que afetam os indivíduos. Do ponto de vista econômico, as pulsões recalcadas, que insistem na busca do prazer, acabam por produzir um desprazer, gerando muitas vezes uma perturbação no equilíbrio do Eu (que delas tenta se proteger). A busca do prazer gera um desprazer de ordem neurótica.

O desprazer pode vir tanto de dentro do psiquismo (pela pressão das pulsões insatisfeitas) quanto do mundo externo, e é captado pela percepção. Essa perspectiva abala a convicção de que haveria um domínio do princípio do prazer sobre o psiquismo, na medida em que o desprazer denuncia forças internas que se opõem ao prazer. Se, com a introdução do princípio de realidade, que não descarta o produto final de obtenção de prazer, não se obtém uma resposta coerente, resta encontrar o que possa constituir-se como uma fonte originária de desprazer.

O psiquismo, diante da percepção da pressão interna de desprazer ou da presença de uma ameaça do mundo externo, desencadeia uma reação de alarme ao que possa ser reconhecido como um perigo. O perigo percebido pode se manifestar sob três formas: o medo, o receio e o susto. Todos podem ser expressões de ansiedade ou angústia, mas merecem ser discriminados para efeito de compreensão dos mecanismos que produzem os sintomas. O medo (*Angst*) é o estado de expectativa e preparação para o perigo, mesmo que este seja desconhecido. O receio (*Furcht*) requer a percepção do perigo que causa um objeto do qual se tem medo (*Angst*); o susto (*Schreck*) é o estado efetivamente sentido, quando se é surpreendido por um perigo. Essas distinções contribuem para que Freud aprofunde a reflexão sobre as dificuldades encontradas na clínica em relação às neuroses traumáticas e, em especial, às de guerra, motivo de tantas inquietações no meio psiquiátrico e psicanalítico durante o período que se seguiu à Primeira Guerra Mundial.

Durante a análise de alguns de seus pacientes, Freud observou a intensidade que a força do trauma possui ao irromper em sonhos que remetem ao evento originário do acidente. Essa expressão onírica inconsciente colabora para a compreensão de que há algo no sonho que escapa à, até então, inabalável convicção da função de realização de desejo. Diante disso, Freud reconhece que as experiências verdadeiramente traumáticas, passando a incluir nessa categoria as da infância, tendem a uma compulsão à repetição por não conseguirem ser dominadas pelo princípio do prazer. Considera a hipótese de haver uma força anterior à instauração e ao domínio do princípio do prazer e passa a situá-la como uma expressão pulsional que se situa para além do princípio do prazer.

No desenvolvimento infantil é possível perceber o jogo de forças estabelecido entre as pulsões produzidas por um psiquismo que ainda não possui um escudo protetor – para poder estabelecer um controle sobre estas –, além das pressões quantitativa e qualitativamente diferentes que chegam do mundo exterior. Nesse sentido, há em todos os indivíduos inscrições que são da ordem do traumático. Os traços mnêmicos das experiências vinculadas à sexualidade, em sua quase totalidade inconscientes, são submetidos a fixações e mantêm-se presentes no funcionamento psíquico da vida adulta. O indivíduo vê se repetir em sua vida amorosa, profissional, familiar e sexual, por exemplo, situações fatalistas que são compreendidas como um produto do destino. Freud denomina de "eterno retorno do mesmo"[90] esse fenômeno que o indivíduo pode vivenciar de forma ativa, na condição de agente,

---

[90] Ibidem, p. 147.

ou passiva, quando a fatalidade se repete como uma expressão externa à qual o indivíduo se encontra submetido – sendo que este último caso é compreendido como mais enigmático do que o primeiro.

Estabelecendo uma analogia entre as neuroses traumáticas de guerra e a constituição do psiquismo infantil, Freud observa que, em ambas, ocorre um excesso pulsional que, no primeiro caso, atravessa o escudo protetor do Eu e, no segundo, interage com um psiquismo ainda desprotegido de suas defesas egoicas. Trata-se, pois, de uma questão de ordem pulsional e econômica.

O brincar infantil traz consigo elementos que representam a compulsão à repetição vinculada às forças do amor e do ódio, de Eros e de destruição, cujo exemplo célebre é o jogo do *Fort-da*.[91] Observando as brincadeiras do neto, Freud se depara com uma ação lúdica que chama a sua atenção por seu caráter repetitivo. O menino brinca com um carretel preso a um barbante. O carretel é jogado por cima de uma cômoda e desaparece de seu campo de visão. Logo depois, o menino puxa de volta o fio, trazendo-o para perto de si. Esse gesto é repetido incessantemente. Concomitante a essa atividade, destaca-se o fato de o menino nunca chorar quando a mãe se afasta dele, o que é considerado fundamental para a interpretação da brincadeira.

---

[91] *Fort*, "foi-se"; Alt.: "desapareceu", "foi embora". *Da*, "aí"; Alt.: "está presente", "está aí", "está aqui". HANNS, L. A., p. 185.

O conjunto das observações sobre a brincadeira leva Freud a concluir que, pelo processo simbólico do brincar, realizava-se uma renúncia pulsional, na medida em que o menino permitia que a mãe se afastasse sem expressar qualquer demonstração de desagrado. O ato de jogar o objeto representava a atitude hostil diante dessa separação, enquanto o puxar correspondia ao retorno da mãe. O jogo encena uma situação que foi vivida passivamente como forma de apoderar-se do sentimento, repetindo uma vivência desagradável como forma de obter um ganho de prazer. Certas experiências dolorosas vividas por crianças se repetem nas brincadeiras como forma de dominar o que causou sofrimento, provocando, por meio do jogo simbólico, a repetição da cena. A criança se coloca, assim, num contexto ativo, expressando um sadismo que se dirige a outro, ou pode ocupar o lugar de quem sofreu a dor (talvez repetindo o mesmo lugar passivo que um dia experimentou). Pode estar em ambos os lugares ou até mesmo fora da cena, no lugar de observador ou diretor da brincadeira. Contudo, essa brincadeira infantil encontra-se no campo dominado pelo princípio do prazer, mesmo que se constitua no âmbito de uma forma particular de compulsão à repetição.

Qual é a força que compele a uma determinada forma de repetição e que antecede o domínio do princípio do prazer? Retomando a relação entre a neurose traumática e a ruptura do escudo protetor, Freud escreve que um indivíduo despreparado para receber uma violenta pressão externa encontra-se numa situação de susto (*Schreck*). Nestes casos, o trauma ganha a dimensão de choque psíquico, caracterizado por uma ausência de prontidão para o medo. Os indivíduos necessitam estar preparados para enfrentar o medo como forma de se defender do perigo e de um possível trauma. Os sonhos da neurose traumática e dos traumas psíquicos da infância rompem com a proteção erigida pelo princípio do prazer, e irrompem como repetições da experiência original na condição de representantes dessa nova força pulsional.

As pulsões se apresentam como representantes de "todas as ações das forças que brotam no interior do corpo e que são transmitidas para o aparelho psíquico. Entretanto, as pulsões são o mais importante e também o mais obscuro objeto da investigação psicológica".[92] Freud estabelece a noção de processo psíquico "primário", com sua dimensão inconsciente, e o "secundário", que é o que se encontra presente na vida de vigília. O primário é caracterizado pelo livre fluxo das cargas de investimento, e o secundário, pela capacidade de enlaçar, atar e modificar a excitação das pulsões. Se o processo secundário fracassa na missão de enlaçar as pulsões cria-se uma perturbação equivalente a um trauma. Do contrário, caso cumpra a missão de processar a excitação, é estabelecido o domínio do princípio do prazer (e da realidade).

---

[92] Freud, S. *Além do princípio do prazer*, p. 158.

Partindo dessa premissa, compreende-se a compulsão à repetição, típica das brincadeiras infantis, como uma vivência fundamental e necessária para a constituição do princípio do prazer. Por meio do brincar a criança insiste em retornar ao controle ativo da situação na qual teve um papel passivo, tal como um empoderamento, pela via do prazer, do que foi vivenciado como desprazer. Uma alteração nas regras do jogo, da brincadeira ou na ordem das estórias infantis provoca uma resistência equivalente a uma produção de desprazer. Na repetição a criança confirma, por meio do idêntico, sua ação no mundo. Trata-se da construção de seu Eu que está posta no tabuleiro da vida. E essa capacidade de transformar o desprazeroso em prazeroso é possível mediante a poderosa força que a impele a criar um meio de reconhecer-se como sujeito. O Eu é uma criação universal e singular, uma resposta possível ao conjunto de forças que afetam a infância.

No caso de adultos que, resistentes, apresentam uma compulsão à repetição em análise (e na vida), é possível constatar uma espécie de fixação ao modelo de funcionamento psíquico primário infantil, que não passa pela elaboração secundária, ou seja, que não teve acesso à inserção no princípio do prazer. Nesse sentido, pode-se pensar a pulsão como uma força que tende a restabelecer um estado anterior, no qual o indivíduo se viu protegido das forças externas que o perturbaram. A partir desta concepção, passa-se a reconhecer uma nova função pulsional como "manifestação da natureza conservadora do ser vivo".[93] Na condição de herança filogenética, as pulsões cumprem o objetivo de um retorno ao inanimado, que já existia antes do vivo. Essa nova característica pulsional é denominada por Freud como pulsão de morte. Sua manifestação em cada indivíduo pode ser observada pela tendência a "reduzir, manter constante e suspender a tensão interna provocada por estímulos".[94]

O jogo de forças pulsionais parece tornar-se mais complexo quando se reconhece que as pulsões basicamente se reúnem em dois grandes grupos: as de vida (Eros) e as de morte. As de Eros visam, a todo custo, à obtenção do prazer e insistem em suas pressões internas, perturbando a tranquilidade do Eu. Eros é o produtor da desorganização – por conta do excesso de excitação – que busca incessantemente um alívio que vise ao prazer. Por esse prisma, o princípio do prazer parece estar a serviço da pulsão de morte.

Freud contribui um pouco mais para a compreensão dos conflitos abrigados em nosso psiquismo a partir da elaboração das instâncias psíquicas Id, Eu e Supereu.[95] Seguindo o rumo das investigações sobre os processos primários e secundários e das forças

---

[93] Ibidem, p. 160.
[94] Ibidem, p. 176.
[95] Freud, S. "O Eu e o Id".

pulsionais, descreve o Id como a instância originária da qual se originam as pulsões. O Eu se constitui, por sua vez, como uma diferenciação do Id em função da influência do mundo externo, e ocupa um papel de mediador entre ambos. Como já foi descrito, o Eu é o responsável por tentar transformar o princípio de realidade a partir do princípio do prazer. O Eu, concebido em sua dimensão espacial como uma superfície, é um eu-corporal, de onde partem tanto percepções internas quanto externas.

Além dessa mediação entre o Id e o mundo externo, o Eu tem de aprender a conviver com outra forma de Eu, chamada de Supereu.[96] Este último é o produto da consciência moral e herdeiro do complexo de Édipo. Com sua entrada em cena o Eu passa a ter de mediar, ao mesmo tempo, as forças provenientes do Id, do Supereu e do mundo externo. As pulsões de vida e de morte ganham o estatuto de construção e destruição, respectivamente, podendo constituir-se de formas completamente diferentes na vida dos indivíduos – ou seja, podem se apresentar sob as mais diversas formas de fusão e desfusão entre si. Em outras palavras, o componente destrutivo pode juntar-se ao construtivo e ambos podem se

---

[96] Luis Hanns assinala que o termo mais correto para a tradução de *"Über-Ich"* para a língua portuguesa é Supra-eu, pois sua conotação refere-se a uma instância que se instaura após, acima ou como observadora do Eu. Sua crítica ao termo Supereu é em função de erroneamente parecer que este é um ego muito poderoso. HANNS, L. A., p. 25.

encaminhar para sublimações infinitas. Por outro lado, podem também aparecer desfusionados, com a pulsão agressiva voltada para a destruição e a violência. Aliás, Freud deixaria bem claro, até o fim de sua obra, que a pulsão tornara-se um conceito muito impreciso e o de mais difícil compreensão para a psicanálise.

O Supereu, como um representante do pai, busca submeter o Eu a todas as suas imposições, muitas delas bastante cruéis, dependendo da história de cada indivíduo. Na melancolia, o Eu assume a ira do Supereu, por identificação, e se submete às punições. Na neurose obsessiva, o Eu tenta afastar o sentimento de culpa pela via das formações reativas, e, na histeria, o Eu recalca o sentimento de culpa.

No Id as pulsões de morte buscam manter a tendência ao estado de repouso, que se mantém ameaçado constantemente por Eros. Todas essas hipóteses sobre a constituição do psiquismo não podem ser pensadas excluindo-se o papel que o imaginário e as fantasias desempenham para sua contextualização. A fantasia, sob todos os aspectos, protege o indivíduo do real tanto interno quanto externo. As vivências das crianças mantêm-se presentes no infantil do adulto. Diante de tanta destrutividade e crueldade produzidas pelos homens na história da humanidade, Freud vai firmar cada vez mais a ideia da coexistência das pulsões de vida e de morte produzindo aquilo que, do ponto de vista social, viria a chamar de o mal-estar da civilização.

Ao final da vida, em "Esboço de psicanálise", Freud antecipa uma preocupação bastante presente nos dias atuais, relacionada com o meio ambiente e a sobrevivência humana. Citando a força da pulsão destrutiva, Freud afirma que, em casos extremos, seu efeito pode ser mortal. Se dirigida cruelmente contra o próprio indivíduo, pode levá-lo à morte, mas mesmo sob formas mais brandas Freud acredita que, de maneira geral, todos morrem em virtude de seus conflitos internos. Considerando a relação da espécie humana com o mundo externo, destaca ser possível suspeitar que a primeira poderá atestar o próprio óbito, caso não seja capaz de adaptar-se às mudanças provenientes das destruições ambientais que ela mesma causa. E a morte da espécie humana será o resultado da luta malsucedida entre as exigências da civilização e os cuidados com o meio ambiente.

REFERÊNCIAS BIBLIOGRÁFICAS

FREUD, Sigmund. "A etiologia da histeria" (1896). In: *Standard edition das Obras psicológicas completas de Sigmund Freud*, volume III. Rio de Janeiro: Imago, 1986.

_____. "A propósito de un caso de neurosis obsesiva". In: *Obras completas*, volume X. Buenos Aires: Amorrortu, 2005.

_____. *Além do princípio do prazer* (1920). In: *Obras completas*, volume II. Rio de Janeiro: Imago, 2006.

_____. "Análisis de la fobia de un niño de cinco años" (1909). In: *Obras completas*, volume X. Buenos Aires: Amorrortu, 2005.

_____. "Carta 59" (1897). In: *Standard edition das Obras psicológicas completas de Sigmund Freud*, volume I. Rio de Janeiro: Imago, 1969.

_____. "Carta 69" (1897). In: *Standard edition das Obras psicológicas completas de Sigmund Freud*, volume I. Rio de Janeiro: Imago, 1969.

_____. "Carta 105" (1899). In: *Standard edition das Obras psicológicas completas de Sigmund Freud*, volume I. Rio de Janeiro: Imago, 1969.

_____. "Charcot" (1893). In: *Standard edition das Obras psicológicas completas de Sigmund Freud*, volume III. Rio de Janeiro: Imago, 1986.

_____. "Conferência XXXIII: Feminilidade (1993 [1932])". In: *Standard edition das Obras psicológicas completas de Sigmund Freud*, volume XXII. Rio de Janeiro: Imago, 1969.

_____. "Delírios e sonhos na Gradiva de Jensen" (1907 [1906]). In: *Standard edition das Obras psicológicas completas de Sigmund Freud*, volume IX. Rio de Janeiro: Imago, 1969.

_____. "El creador literario y el fantaseo" (1908 [1907]). In: *Obras completas*, volume IX. Buenos Aires: Amorrortu, 2005.

_____. "Esboço de psicanálise" (1940 [1938]). In: *Standard edition das Obras psicológicas completas de Sigmund Freud*, volume XXIII. Rio de Janeiro: Imago, 1969.

_____. "Esboço para a 'Comunicação preliminar' de 1983". In: *Standard edition das Obras psicológicas completas de Sigmund Freud*, volume I. Rio de Janeiro: Imago, 1969.

_____. "Fantasias histéricas e sua relação com a bissexualidade" (1908). In: *Standard edition das Obras psicológicas completas de Sigmund Freud*, volume IX. Rio de Janeiro: Imago, 1969.

_____. "Fragmento de análisis de un caso de histeria" (1905 [1901]). In: *Obras completas*, volume IX, *Acciones obsesivas y práticas religiosas* (1907). Buenos Aires: Amorrortu, 2005.

_____. "Histeria" (1888). In: *Standard edition das Obras psicológicas completas de Sigmund Freud*, volume I. Rio de Janeiro: Imago, 1969.

_____. "História de uma neurose infantil" (1918 [1914]). In: *Standard edition das Obras psicológicas completas de Sigmund Freud*, volume XVII. Rio de Janeiro: Imago, 1969.

_____. "Inibições, sintomas e ansiedade" (1926 [1925]). In: *Standard edition das Obras psicológicas completas de Sigmund Freud*, volume XX. Rio de Janeiro: Imago, 1969.

_____. *La interpretación de los sueños* (segunda parte) (1900[1901]). In: *Obras completas*, volume V. Buenos Aires: Amorrortu, 2005.

_____. "Lembranças encobridoras" (1899). In: *Standard edition das Obras psicológicas completas de Sigmund Freud*, volume III. Rio de Janeiro: Imago, 1986.

_____. "O Eu e o Id" (1923). In: *Obras completas*, volume III. Buenos Aires: Amorrortu, 2005.

_____. "O problema econômico do masoquismo" (1924). In: *Standard edition das Obras psicológicas completas de Sigmund Freud*, volume XIX. Rio de Janeiro: Imago, 1969.

_____. "Os caminhos da formação dos sintomas", conferência XXIII das *Conferências introdutórias sobre psicanálise* (1916-1917 [1915-1917]). In: *Standard edition das Obras psicológicas completas de Sigmund Freud*, volume XVI. Rio de Janeiro: Imago, 1996.

_____. "Os chistes e sua relação com o inconsciente" (1905). In: *Standard edition das Obras psicológicas completas de Sigmund Freud*, volume VIII. Rio de Janeiro: Imago, 1969.

_____. "Rascunho K" (1895). In: *Standard edition das Obras psicológicas completas de Sigmund Freud*, volume I. Rio de Janeiro: Imago, 1969.

_____. "Rascunho L" (1897). In: *Standard edition das Obras psicológicas completas de Sigmund Freud*, volume I. Rio de Janeiro: Imago, 1969.

_____. "Rascunho N" (1897). In: *Standard edition das Obras psicológicas completas de Sigmund Freud*, volume I. Rio de Janeiro: Imago, 1969.

_____. "Recordar, repetir e elaborar (Novas recomendações sobre a técnica da psicanálise II)" (1914). In: *Standard edition das Obras psicológicas completas de Sigmund Freud*, volume XII. Rio de Janeiro: Imago, 1969.

_____. "Sobre a tendência universal à depreciação na esfera do amor (Contribuições à psicologia do amor II)" (1912). In: *Standard edition das Obras psicológicas completas de Sigmund Freud*, volume XI. Rio de Janeiro: Imago, 1969.

_____. "Tres ensayos de teoría sexual" (1905). In: *Obras completas*, volume VII. Buenos Aires: Amorrortu, 2005.

_____. "Um tipo especial da escolha de objeto feita pelos homens (Contribuições à psicologia do amor I)" (1910). In: *Standard edition das Obras psicológicas completas de Sigmund Freud*, volume XI. Rio de Janeiro: Imago, 1969.

_____. "Uma criança é espancada: uma contribuição ao estudo da origem das perversões sexuais" (1919). In: *Standard edition das Obras psicológicas completas de Sigmund Freud*, volume XVII. Rio de Janeiro: Imago, 1969.

HANNS, Luis Alberto. Notas do Tradutor Brasileiro às *Obras psicológicas de Sigmund Freud*. Rio de Janeiro: Imago, 2006.

_____. Notas do Editor Brasileiro às *Obras psicológicas de Sigmund Freud*. Rio de Janeiro: Imago, 2007.

ISAACS, Susan *et al.* "A natureza e a função da fantasia". In: *Os progressos da Psicanálise*. Rio de Janeiro: LTC Editora, 1982.

KAUFMANN, P. *Dicionário enciclopédico de psicanálise: o legado de Freud e Lacan*. Rio de Janeiro: Zahar, 1993.

LAPLANCHE, J. & PONTALIS, J-B. *Vocabulário da psicanálise*. São Paulo: Martins Fontes, 1983.

LEO, Ein Online – *Leo Dictionary Team*. Disponível em: <http://dict.leo.org.>, 2007.

ROUDINESCO, E. & PLON, M. *Dicionário de psicanálise*. Rio de Janeiro: Zahar, 1998.

WINNICOTT, D.W. *O brincar e a realidade*. Rio de Janeiro: Imago, 1975.

Recurso audiovisual

DEL TORO, Guillermo. *El laberinto del fauno [O labirinto do fauno]*. EUA, Espanha e México, 2006.

Recurso sonoro

BUARQUE, Chico. "O que será ? (À flor da pele)". In: NASCIMENTO, Milton. *Geraes*. Emi-Odeon, LP, 1976.

CRONOLOGIA DE SIGMUND FREUD

1856: Sigmund Freud nasce em Freiberg, antiga Morávia (hoje na República Tcheca), em 6 de maio.
1860: A família Freud se estabelece em Viena.
1865: Ingressa no Leopoldstädter Gymnasium.
1873: Ingressa na faculdade de medicina em Viena.
1877: Inicia pesquisas em neurologia e fisiologia. Primeiras publicações (sobre os caracteres sexuais das enguias).
1881: Recebe o título de Doutor em medicina.
1882: Noivado com Martha Bernays.
1882-5: Residência médica no Hospital Geral de Viena.
1885-6: De outubro de 1885 a março de 1886, passa uma temporada em Paris, estagiando com Jean-Martin Charcot no hospital Salpêtriére, período em que começa a se interessar pelas neuroses.
1884-7: Dedica-se a estudos sobre as propriedades clínicas da cocaína, envolve-se em polêmicas a respeito dos efeitos da droga.
1886: Casa-se com Martha Bernays, que se tornará mãe de seus seis filhos.
1886-90: Exerce a medicina como especialista em "doenças nervosas".
1892-5: Realiza as primeiras pesquisas sobre a sexualidade e as neuroses; mantém intensa correspondência com o otorrinolaringologista Wilhelm Fliess.

1895: Publica os *Estudos sobre a histeria* e redige *Projeto de psicologia para neurólogos*, que só será publicado cerca de cinquenta anos depois.
1896: Em 23 de outubro, falece seu pai, Jakob Freud, aos oitenta anos de idade.
1897-9: Autoanálise sistemática; redação de *Interpretação dos sonhos*.
1899: Em 15 de novembro, publicação de *Interpretação dos sonhos*, com data de 1900.
1901: Em setembro, primeira viagem a Roma.
1902: Fundação da Sociedade Psicológica das Quartas-Feiras (que em 1908 será rebatizada de Sociedade Psicanalítica de Viena). Nomeado Professor Titular em caráter extraordinário da Universidade de Viena; rompimento com W. Fliess.
1903: Paul Federn e Wilhelm Stekel começam a praticar a psicanálise.
1904: *Psicopatologia da vida cotidiana* é publicada em forma de livro.
1905: Publica *Três ensaios sobre a teoria da sexualidade, O caso Dora, O chiste e sua relação com o inconsciente*. Edward Hitschmann, Ernest Jones e August Stärcke começam a praticar a psicanálise.
1906: C. G. Jung inicia a correspondência com Freud.
1907-8: Conhece Max Eitingon, Jung, Karl Abraham, Sándor Ferenczi, Ernest Jones e Otto Rank.
1907: Jung funda a Sociedade Freud em Zurique.

1908: Primeiro Congresso Psicanalítico Internacional (Salzburgo). Freud destrói sua correspondência. Karl Abraham funda a Sociedade de Berlim.
1909: Viagem aos Estados Unidos, para a realização de conferências na Clark University. Lá encontra Stanley Hall, William James e J. J. Putman. Publica os casos clínicos *O Homem dos Ratos* e *O pequeno Hans*.
1910: Congresso de Nuremberg. Fundação da Associação Psicanalítica Internacional. Em maio, Freud é designado Membro Honorário da Associação Psicopatológica Americana. Em outubro, funda o Zentralblatt für Psychoanalyse.
1911: Em fevereiro, A. A. Brill funda a Sociedade de Nova York. Em maio, Ernest Jones funda a Associação Psicanalítica Americana. Em junho, Alfred Adler afasta-se da Sociedade de Viena. Em setembro, realização do Congresso de Weimar.
1912: Em janeiro, Freud funda a revista *Imago*. Em outubro, Wilhelm Stekel se afasta da Sociedade de Viena.
1912-14: Redige e publica vários artigos sobre técnica psicanalítica.
1913: Publica *Totem e tabu*.
1913: Em janeiro, Freud funda a Zeitschrift für Psychoanalyse. Em maio, Sándor Ferenczi funda a Sociedade de Budapeste. Em setembro, Congresso de Munique. Em outubro, Jung corta relações com Freud. Ernest Jones funda a Sociedade de Londres.

1914: Publica *Introdução ao narcisismo*, *História do movimento psicanalítico* e redige o caso clínico *O homem dos lobos*. Em abril, Jung renuncia à presidência da Associação Internacional. Em agosto, Jung deixa de ser membro da Associação Internacional.

1915: Escreve o conjunto de artigos da chamada metapsicologia, nos quais se incluem *As pulsões e seus destinos*, *Luto e melancolia* (publicado em 1917) e *O inconsciente*.

1916-17: Publicação de *Conferências de introdução à psicanálise*, últimas pronunciadas na Universidade de Viena.

1917: Georg Grodeck ingressa no movimento psicanalítico.

1918: Em setembro, Congresso de Budapeste.

1920: Publica *Além do princípio do prazer*, no qual introduz os conceitos de "pulsão de morte" e "compulsão à repetição"; início do reconhecimento mundial.

1921: Publica *Psicologia das massas e análise do ego*.

1922: Congresso em Berlim.

1923: Publica *O ego e o id*; descoberta de um câncer na mandíbula e primeira das inúmeras operações que sofreu até 1939.

1924: Rank e Ferenczi manifestam divergências em relação à técnica analítica.

1925: Publica *Autobiografia* e *Algumas consequências psíquicas da diferença anatômica entre os sexos*.

1926: Publica *Inibição, sintoma e angústia* e *A questão da análise leiga*.

1927: Publica *Fetichismo* e *O futuro de uma ilusão*.

1930: Publica *O mal-estar na civilização*; entrega do único prêmio recebido por Freud, o prêmio Goethe de Literatura, pelas qualidades estilísticas de sua obra. Morre sua mãe.

1933: Publica *Novas conferências de introdução à psicanálise*. Correspondência com Einstein publicada sob o título de *Por que a guerra?*. Os livros de Freud são queimados publicamente pelos nazistas em Berlim.

1934: Em fevereiro, instalação do regime fascista na Áustria; inicia o texto *Moisés e o monoteísmo*, cuja redação e publicação continuam até 1938-39.

1935: Freud é eleito membro honorário da British Royal Society of Medicine.

1937: Publica *Construções em análise* e *Análise terminável ou interminável*.

1938: Invasão da Áustria pelas tropas de Hitler. Sua filha Anna é detida e interrogada pela Gestapo. Partida para Londres, onde Freud é recebido com grandes honras.

1939: Em 23 de setembro, morte de Freud, que deixa inacabado o *Esboço de psicanálise*; seu corpo é cremado, e as cinzas colocadas numa urna conservada no cemitério judaico de Golders Green.

OUTROS TÍTULOS DA COLEÇÃO PARA LER FREUD

A interpretação dos sonhos – A caixa-preta dos desejos, por John Forrester

A psicopatologia da vida cotidiana – Como Freud explica, por Silvia Alexim Nunes

Além do princípio do prazer – Um dualismo incontornável, por Oswaldo Giacoia Junior

As duas análises de uma fobia em um menino de cinco anos: O pequeno Hans – A psicanálise da criança ontem e hoje, por Celso Gutfreind

As pulsões e seus destinos – Do corporal ao psíquico, por Joel Birman

Compulsões e obsessões – Uma neurose de futuro, por Romildo Do Rêgo Barros

Fetichismo – Colonizar o outro, por Vladimir Safatle

Histeria – O princípio de tudo, por Denise Maurano

Introdução ao narcisismo – O amor de si, por Carlos Augusto Nicéas

Luto e melancolia – À sombra do espetáculo, por Sandra Edler

O complexo de Édipo – Freud e a multiplicidade edípica, por Chaim Samuel Katz

O homem Moisés e a religião monoteísta – Três ensaios: O desvelar de um assassinato, por Betty B. Fuks

O inconsciente – Onde mora o desejo, por Daniel Omar Perez

O mal-estar na civilização – As obrigações do desejo na era da globalização, por Nina Saroldi

Projeto para uma psicologia científica – Freud e as neurociências, por Benilton Bezerra Jr.
Psicologia das massas e análise do eu – Solidão e multidão, por Ricardo Goldenberg
Totem e tabu – Um mito freudiano, por Caterina Koltai

Este livro foi composto na tipografia
ITC Berkeley Oldstule Std, em corpo 11/14,5, e
impresso em papel off-white no Sistema Digital Instant
Duplex da Divisão Gráfica da Distribuidora Record.